Voll fett kochen

Sündiges Soulfood für alle Lebenslagen

TEXT: PIA WESTERMANN

REZEPT- UND FOODFOTOS: THORSTEN SUEDFELS

PEOPLEFOTOS: WILFRIED WULFF

Voll fett kochen

Sündiges Soulfood für alle Lebenslagen

TEXT: PIA WESTERMANN

REZEPT- UND FOODFOTOS: THORSTEN SUEDFELS

PEOPLEFOTOS: WILFRIED WULFF

DIE GU-QUALITÄTS-GARANTIE

Wir möchten Ihnen mit den Informationen und Anregungen in diesem Buch das Leben erleichtern und Sie inspirieren, Neues auszuprobieren. Bei jedem unserer Bücher achten wir auf Aktualität und stellen höchste Ansprüche an Inhalt, Optik und Ausstattung. Alle Rezepte und Informationen werden von unseren Autoren gewissenhaft erstellt und von unseren Redakteuren sorgfältig ausgewählt und mehrfach geprüft. Deshalb bieten wir Ihnen eine 100 %ige Qualitätsgarantie.

Darauf können Sie sich verlassen:
Wir legen Wert darauf, dass unsere Kochbücher zuverlässig und inspirierend zugleich sind.
Wir garantieren:
• dreifach getestete Rezepte
• sicheres Gelingen durch Schritt-für-Schritt-Anleitungen und viele nützliche Tipps
• eine authentische Rezept-Fotografie

Wir möchten für Sie immer besser werden:
Sollten wir mit diesem Buch Ihre Erwartungen nicht erfüllen, lassen Sie es uns bitte wissen! Wir tauschen Ihr Buch jederzeit gegen ein gleichwertiges zum gleichen oder ähnlichen Thema um. Nehmen Sie einfach Kontakt zu unserem Leserservice auf. Die Kontaktdaten unseres Leserservice finden Sie am Ende dieses Buches.

GRÄFE UND UNZER VERLAG
Der erste Ratgeberverlag – seit 1722.

YUMMINESS
IM ÜBERBLICK

ICH
GÖNN
MIR
WAS.
EIN-
FACH
SO?
EIN-
FACH
SO!

Churro-Waffeln mit Schokosauce

SPANISCHE CHURROS MIT HEISSER SCHOKOLADE, IN DER DER LÖFFEL STEHEN BLEIBT: DEKADENT. DIESE CHURRO-WAFFELN MIT WEISSER SCHOKI: DEKADENT DE LUXE. EINMAL WACHKNUSPERN, BITTE!

100 g weiße Schokolade
50 g Sahne
80 g Butter
1 Prise Salz
100 g Weizenmehl
(Type 405)
3 Eier (Größe M)
60 g Zucker
½ TL Zimtpulver

AUSSERDEM
Waffeleisen
Fett für das Waffeleisen

FÜR 4 STÜCK
Zubereiten: 40 Min.

1 Die weiße Schokolade fein hacken. Die Sahne aufkochen, vom Herd ziehen und die Schokolade darin schmelzen. Die Schokosauce vom Herd nehmen und zugedeckt warm halten.

2 40 g Butter in kleine Würfel schneiden. In einem Topf 180 ml Wasser mit Salz und Butterwürfeln aufkochen. Sobald die Butter geschmolzen ist, das Mehl auf einmal zugeben und die Masse kräftig mit einem hölzernen Kochlöffel rühren, bis sich der Teig zu einem Kloß zusammenballt und auf dem Topfboden ein Belag zu sehen ist. Den Topf vom Herd nehmen und den Teig etwas abkühlen lassen.

3 Die Eier nacheinander unter den Teig arbeiten, dabei das nächste Ei immer erst zugeben, wenn das vorhergehende vollständig eingearbeitet ist. Der fertige Brandteig soll schön glänzen und weich vom Kochlöffel fallen.

4 Die übrigen 40 g Butter in einem Topf schmelzen und hellbraun werden lassen. Das Waffeleisen erhitzen und einfetten. Auf einem Teller Zucker und Zimt mischen. Aus jeweils 2 EL Teig in ca. 3-4 Min. knusprig-braune Waffeln backen. Die Waffeln auf der Oberseite jeweils mit etwas brauner Butter bepinseln und sofort im Zimtzucker wenden. Die Waffeln mit der Schokoladensauce servieren.

Nougat-Scones mit Himbeercreme

DA STAUNT DIE QUEEN, UND DIE BRITEN WUNDERN SICH: SCONES OHNE ERDBEEREN? TJA – VIELLEICHT NICHT TRADITIONALLY BRITISH, ABER SO UNFASSBAR GUT, DASS SELBST DIE QUEEN ZWEIMAL NEHMEN WÜRDE.

FÜR DIE SCONES
100 g Nussnougat am Stück
500 g Weizenmehl
(Type 405)
2 TL Backpulver
1 große Prise Salz
150 g kalte Butter
200 ml Vollmilch
1 Ei (Größe M)
1 Eigelb (Größe M)

FÜR DEN HIMBEER-MASCARPONE
150 g Sahne
150 g Himbeeren
150 g zimmerwarmer
Mascarpone
1 Päckchen Bourbon-
vanillezucker
30 g Zucker

AUSSERDEM
Mehl zum Verarbeiten
Backpapier für das Blech

FÜR 12 STÜCK
Zubereiten: 30 Min.
Backen: 20 Min.

1 Den Nougat fein würfeln und für mindestens 20 Min. ins Gefrierfach legen. Den Backofen auf 220° vorheizen. Für die Scones das Mehl mit Backpulver und Salz mischen. Die Butter klein würfeln und zwischen den Fingern zügig mit der Mehlmischung zu Krümeln zerreiben. Milch und Ei zugeben und alles zu einem glatten Teig kneten. Die Nougatwürfel kurz unterkneten.

2 Den Teig auf der bemehlten Arbeitsfläche 3 cm dick zu einem Rechteck ausrollen. Daraus mit einem scharfen Messer zwölf gleich große Quadrate schneiden. Die Scones auf ein mit Backpapier belegtes Backblech geben. Das Eigelb mit 1 EL Wasser verrühren und den Teig damit bepinseln. Die Scones im Ofen auf der 2. Schiene von unten in 18–20 Min. goldbraun backen.

3 Inzwischen für den Himbeer-Mascarpone die Sahne steif schlagen. Die Himbeeren nur falls nötig waschen und trocken tupfen. Den Mascarpone mit Vanillezucker und Zucker glatt rühren, Himbeeren und Sahne unterheben und die Creme bis zum Servieren abgedeckt kalt stellen.

4 Die fertigen Scones auf einem Kuchengitter lauwarm abkühlen lassen und mit dem Himbeer-Mascarpone servieren.

»RAUS AUS DER KOMFORTZONE« – WARUM WIRD DAS BLOSS ÜBERALL
IMMER SO GEHYPT? ALSO, ICH BLEIB HEUTE DRIN IN DER KOMFORTZONE.
HAUPTSACHE, DER SÜSSE NACHSCHUB GEHT NICHT AUS!

Weißbrot mit Peanut Butter & Jelly

MORGENGRÜSSE ÜBERN GROSSEN TEICH, WO DAS PEANUT BUTTER & JELLY SANDWICH ZU HAUSE IST. NUR DAS BROT DAFÜR NEHMEN WIR LIEBER AUS DEM EIGENEN OFEN ALS AUS DER PLASTIKTÜTE.

FÜR DAS BROT
400 ml Vollmilch
200 g Butter
800 g Weizenmehl
(Type 405 oder 550)
½ TL Salz
1 Würfel frische Hefe
80 g Zucker
1 Eigelb (Größe M)

FÜR DEN AUFSTRICH
pro Scheibe je ½ EL Erdnussbutter und Sauerkirsch-Konfitüre

AUSSERDEM
Mehl zum Verarbeiten
1 Kastenform (25 cm)
Butter und Weizenmehl
für die Form

**FÜR 1 BROT,
CA. 15 SCHEIBEN**
Zubereiten: 15 Min.
Gehen: 3 Std. 15 Min.

1 Die Milch in einem Topf lauwarm erhitzen. Die Butter in einem kleinen Topf zerlassen und abkühlen lassen. In einer Schüssel Mehl und Salz mischen und in die Mitte eine Mulde drücken. Die Hefe zerkrümeln, mit 100 ml Milch und 1 TL Zucker glatt rühren und in die Mehlmulde geben. Den Vorteig abgedeckt 15 Min. ruhen lassen.

2 Die Butter, die restliche Milch und den restlichen Zucker zum Mehl geben. Dann alles mit den Knethaken ca. 5 Min. zu einem glatten Teig kneten. Den Hefeteig mit einem Tuch abgedeckt an einem warmen Ort 2 Std. gehen lassen.

3 Nach dieser Zeit den Teig auf der bemehlten Arbeitsfläche nochmals kräftig durchkneten. Die Kastenform buttern und mit Mehl ausstäuben. Den Hefeteig darin noch einmal abgedeckt an einem warmen Ort 1 Std. gehen lassen.

4 Den Backofen auf 200° vorheizen. Den Teig mit einem Messer der Länge nach mittig einschneiden. Das Eigelb mit 1 EL Wasser glatt rühren und die Teigoberfläche damit bepinseln. Das Weißbrot auf der 2. Schiene von unten in 40–45 Min. goldbraun backen. Etwas abkühlen lassen, aus der Form nehmen und auf einem Kuchengitter vollständig auskühlen lassen.

5 Das Brot in Scheiben schneiden und jede erst mit Erdnussbutter, dann mit Konfitüre bestreichen.

Toast Benedict mit Roastbeef

WELCHER BENEDICT DIESEN BRUNCHKLASSIKER ERFUNDEN HAT, WEISS NIEMAND SO GANZ GENAU. EGAL – DIESE VERSION MIT ROASTBEEF KÖNNTE AUCH KASIMIR HEISSEN UND WÄRE IMMER NOCH GROSSARTIG.

FÜR DIE HOLLANDAISE

125 g Butter
2 Eigelb (Größe M)
1 EL Zitronensaft
Salz | schwarzer Pfeffer

FÜR EIER UND TOAST

2 dicke Scheiben Toast
(oder Weißbrot, S. 14)
5 EL Weißweinessig
2 sehr frische Eier
(Größe M)
2 EL Kresse oder Sprossen
(z. B. Shiso, Alfalfa)
½ EL weiche Butter
4 Scheiben Roastbeef-
Aufschnitt

FÜR 2 PERSONEN

Zubereiten: 25 Min.

1 Für die Hollandaise die Butter zerlassen. In einer hitzefesten Schüssel die Eigelbe mit 2 EL Wasser verrühren. In einem passenden Topf so viel Wasser erhitzen, dass es den Boden der daraufgesetzten Schüssel nicht berührt. Die Eier über dem Wasserbad mit dem Schneebesen dick aufschlagen. Die Butter erst tröpfchen-, dann esslöffelweise unterschlagen. Die Sauce mit Zitronensaft, Salz und Pfeffer würzen und zugedeckt warm halten.

2 Die Brotscheiben goldbraun toasten. 1,5 l Wasser mit dem Essig aufkochen. Die Eier einzeln in Tassen aufschlagen. Den Topf vom Herd nehmen und mit einem Kochlöffel im Wasser rühren, sodass ein Strudel entsteht. Die Eier nacheinander in den Strudel gleiten lassen und die Eiweiße sofort mit dem Löffel über die Eigelbe ziehen. Den Topf zurück auf den Herd setzen, die Eier bei kleiner Hitze 4–5 Min. pochieren, mit einer Schaumkelle herausnehmen und abtropfen lassen.

3 Die Sprossen kalt abbrausen und gut abtropfen lassen. Kresse vom Beet schneiden, abbrausen und trocken tupfen. Die Toastscheiben mit Butter bestreichen und mit Roastbeef belegen. Die Eier daraufgeben und mit Sauce hollandaise bedecken. Die Toasts Benedict mit Sprossen oder Kresse garnieren.

GRISSLIGE HOLLANDAISE? DON'T PANIC!

Hollandaise kann schon mal gerinnen, wenn Butter und Eimasse nicht die gleiche Temperatur haben. Die schnellste Pannenhilfe: 1–2 TL eiskaltes Wasser zugeben und die Ärmel hochkrempeln. Durch kräftiges Schlagen wird meist alles wieder glatt.

Omelett Caprese

WER GLAUBT, OMELETT WÄR AUCH NIX ANDERES ALS RÜHREI OHNE RÜHREN, HAT DIESE FLUFFIGE ITALO-VERSION NOCH NICHT GEGESSEN. UND DAFÜR WIRD'S DANN HÖCHSTE ZEIT. JETZT EHRLICH MAL.

je ½ Handvoll Rucola- und
Basilikumblätter
100 ml Öl zum Frittieren
½ Kugel Mozzarella (75 g)
4 sehr frische Eier
(Größe M)
5 EL Crème fraîche
Salz | schwarzer Pfeffer
3 EL Butter
6 EL stückige Tomaten mit
Kräutern (aus der Packung)
4 EL frisch geriebener
Parmesan

FÜR 2 PERSONEN
Zubereiten: 40 Min.

1 Rucola und Basilikum abbrausen und gut trocken tupfen. Das Öl in einer mittelgroßen Pfanne erhitzen und die Blätter darin portionsweise in ca. 5 Sek. knusprig frittieren. Achtung, das Öl spritzt, wenn die Blätter hineingegeben werden! Die Blätter auf Küchenpapier abtropfen lassen.

2 Den Mozzarella würfeln. Die Eier trennen und die Eiweiße steif schlagen. Die Eigelbe mit der Crème fraîche verrühren und kräftig mit Salz und Pfeffer würzen.

3 Das Öl aus der Pfanne weggießen, die Pfanne auswischen und mit der Hälfte der Butter erneut erhitzen. Den Eischnee unter die Eigelbmischung heben. Die Hälfte der Masse in die Pfanne geben. 3 EL Tomaten, 2 EL Parmesan und die Hälfte des Mozzarellas darauf verteilen und das Omelett zugedeckt bei mittlerer Hitze ca. 4 Min. stocken lassen. Das Omelett halb zusammenklappen und in ca. 2 Min. zu Ende garen.

4 Das zweite Omelett ebenso backen und beide mit Rucola und Basilikum bestreut sofort servieren. Dazu passt gerösteter Toast (oder das Weißbrot von S. 14).

One-Pan Breakfast

*WARUM ABWASCH PRODUZIEREN?, SAGTE SICH PIPPI LANGSTRUMPF UND
ENTSORGTE DAS GESCHIRR SAMT TISCHTUCH IN DIE TRUHE. WER KEINE
TRUHE HAT, PROBIERT'S VIELLEICHT MAL MIT WENIGER TÖPFEN.*

1 Schalotte
2 Stängel glatte Petersilie
2 grobe rohe Bratwürste
(à ca. 125 g)
2 EL Öl zum Braten
4 Scheiben Frühstücksspeck
(Bacon)
6 braune Champignons
1 kleine Dose Baked Beans
(415 g)
250 g stückige Tomaten
(aus der Packung)
Salz | schwarzer Pfeffer
Tabascosauce
2 sehr frische Eier
(Größe M)

FÜR 2 PERSONEN
Zubereiten: 35 Min.

1 Die Schalotte schälen und in feine Würfel schneiden. Die Petersilie abbrausen und trocken schütteln, die Blätter abzupfen und grob hacken. Die Bratwürste mehrmals mit einer feinen Messerspitze oder Nadel einstechen und dann in 1 EL Öl in einer großen Pfanne in ca. 8 Min. bei mittlerer Hitze knusprig braun braten. 2 Min. vor Ende der Garzeit den Speck dazulegen.

2 Inzwischen die Pilze falls nötig mit Küchenpapier trocken abreiben. Die Stiele abschneiden. Würste und Bacon aus der Pfanne nehmen, aber die Pfanne nicht auswischen. Die Pilze in dem übrigen EL Öl auf beiden Seiten je 2 Min. braten und herausnehmen. Bohnen und Tomaten zugeben, aufkochen und 5 Min. bei mittlerer Hitze köcheln lassen. Die Bohnen kräftig mit Salz, Pfeffer und Tabasco würzen. Die Petersilie unterrühren.

3 Würste, Speck und Pilze wieder in die Pfanne geben. Mit einem Löffel zwei Mulden in die Bohnen drücken. Die Eier aufschlagen, in die Mulden gleiten lassen und 8–10 Min. bei mittlerer Hitze garen, bis das Eiweiß gestockt, aber das Eigelb noch weich ist. Das Frühstück sofort servieren. Dazu passt ungetoastetes Weißbrot (zum Beispiel das von S. 14).

Gegrilltes Cheddar-Spinat-Sandwich

WO IST EIGENTLICH DER SANDWICH-MAKER? – BEI DEN SACHEN FÜR DEN FLOHMARKT, GLAUB ICH. – WAS?! DEN BRAUCH ICH! JETZT! – ÄH. HÄ? – EGAL. NEHM ICH HALT DIE PFANNE. HAUPTSACHE, GRILLED CHEESE!

300 g festkochende
Kartoffeln
500 ml Öl zum Frittieren
Salz
¼ Knoblauchzehe
1 Schalotte
125 g Babyspinat
3 EL weiche Butter
Pfeffer
4 dicke Scheiben Toast
(oder Weißbrot, S. 14)
4 Scheiben Cheddar
(ersatzweise Gouda)

FÜR 2 PERSONEN
Zubereiten: 30 Min.

1 Die Kartoffeln schälen, der Länge nach in gleichmäßig streichholzdünne Streifen schneiden oder hobeln und in eine Schüssel mit kaltem Wasser legen. Die Streifen in einem Sieb abbrausen, abtropfen lassen und gut trocken tupfen.

2 Das Frittieröl auf 180° erhitzen. Falls du kein Thermometer hast: Die richtige Temperatur ist erreicht, sobald an einem hineingehaltenen Kochlöffelstiel sofort viele Bläschen aufsteigen. Die Streifen portionsweise im heißen Öl in ca. 2 Min. goldbraun frittieren, mit einer Schaumkelle herausnehmen, auf mehreren Lagen Küchenpapier gut abtropfen lassen und salzen.

3 Den Knoblauch schälen und hacken. Die Schalotte schälen und fein würfeln. Den Spinat waschen und gut trocken schleudern oder schütteln. 1 EL Butter in einer Pfanne zerlassen. Schalotte und Knoblauch darin 30 Sek. bei mittlerer Hitze darin anschwitzen. Den Spinat zugeben, zusammenfallen lassen, salzen und pfeffern. Den Spinat herausnehmen, etwas abkühlen lassen und zwischen den Händen sehr gut ausdrücken.

4 Den Spinat auf 2 Brotscheiben verteilen. Darauf jeweils 2 Scheiben Käse legen. Die anderen beiden Brotscheiben darauf legen und gut andrücken. Die außen liegenden Toastseiten mit den übrigen 2 EL Butter bestreichen.

5 Eine Grillpfanne erhitzen. Die Toasts darin bei mittlerer Hitze von jeder Seite in 2–3 Min. knusprig grillen. Herausnehmen, die Toasts halbieren und mit dem Kartoffelstroh servieren.

Üppiger Croque Monsieur

NEHMEN SIE PLATZ, MONSIEUR. ÇA VA? SIE SEHEN SO GUT GELAUNT AUS UND LÄCHELN MICH SO WARM AN – EINFACH NETTE GESELLSCHAFT, MUSS ICH SAGEN. BLEIBEN SIE DOCH AUF EINEN BISSEN! ODER ZWEI.

1 EL Butter
1 gestrichenen EL Weizenmehl
150 ml Vollmilch
3 EL grober Dijonsenf
Salz | schwarzer Pfeffer
150 g Emmentaler oder Gruyère
4 große Scheiben Holzofenbrot (Weizenmischbrot)
4 Scheiben Kochschinken
1 EL Öl zum Braten
2 Eier (Größe M)
Jalapeño-Chilis in Scheiben (aus dem Glas, nach Belieben)

AUSSERDEM
Backpapier für das Blech

FÜR 2 PERSONEN
Zubereiten: 40 Min.

1 Für die Sauce die Butter in einem Topf zerlassen. Das Mehl einrühren und kurz anschwitzen, ohne es zu bräunen. Die Milch unter Rühren dazugießen. Alles aufkochen und 5 Min. bei mittlerer Hitze köcheln lassen, bis die Mischung dick und streichfähig ist. Die Béchamelsauce mit 1 EL Senf, Salz und Pfeffer würzen und zugedeckt beiseitestellen.

2 Den Backofen auf 220° vorheizen und ein Backblech mit Backpapier auslegen. Den Käse in ca. 5 mm dicke Scheiben schneiden. Die Brotscheiben von einer Seite mit den restlichen 2 EL Senf bestreichen und auf das Backblech legen. 2 der Brotscheiben mit Sauce bestreichen und mit je 2 Scheiben Schinken belegen. Die Hälfte der Käsescheiben darauf verteilen. Die anderen beiden Brotscheiben jeweils mit der Senfseite nach oben darauflegen und leicht andrücken. Die restliche Sauce darübergeben und mit dem übrigen Käse belegen.

3 Die Croques im Backofen auf der 2. Schiene von unten ca. 10 Min. backen, bis der Käse goldgelb und zerlaufen ist. Inzwischen das Öl in einer Pfanne erhitzen. Die Eier darin 2 Min. braten, wenden und 1 weitere Min. braten, dann salzen und pfeffern. Die Eier auf die fertigen Croques setzen und nach Belieben Jalapeño-Scheiben dazu servieren.

Wurstsalat-Bagel mit Ofen-Radieschen

HOLLADRIO, HIER WIRD'S HERZHAFT! WENN'S NICHT SCHON BIERGÄRTEN GÄBE, MÜSSTE MAN FÜR DIESE BROTZEIT EXTRA WELCHE ERFINDEN – AM BESTEN GEGENÜBER VON DEM DELI MIT DEN RICHTIG GUTEN BAGELS.

½ rote Zwiebel
200 g Fleischwurst (Lyoner Wurst)
2 Gewürzgurken
½ Bund Schnittlauch
1 EL Apfelessig
4 TL mittelscharfer Senf
3 EL neutrales Pflanzenöl
Salz | schwarzer Pfeffer
3 EL Frischkäse
1 Bund Radieschen
2 EL Butterschmalz oder natives Kokosöl
2 Sesambagel

AUSSERDEM
Backpapier für das Blech

FÜR 2 PERSONEN
Zubereiten: 50 Min.

1 Die rote Zwiebel schälen und fein hobeln. Die Wurst in feine Scheiben schneiden. Die Gurken würfeln. Den Schnittlauch abbrausen, trocken schütteln und in feine Röllchen schneiden. Den Essig in einer Schüssel mit 2 TL Senf und dem Öl verquirlen und die vorbereiteten Zutaten untermischen. Den Wurstsalat salzen, pfeffern und bis zum Servieren durchziehen lassen.

2 Inzwischen den Backofen auf 180° vorheizen. Den Frischkäse mit den restlichen 2 TL Senf verrühren. Die Radieschen waschen, trocken tupfen und putzen. Sehen die Radieschenblätter schön frisch aus, diese waschen und gut trocken schleudern oder tupfen. Große Radieschen halbieren. Alle Radieschen mit Butterschmalz oder Kokosöl vermengen, salzen und pfeffern. Die Mischung auf dem Blech verteilen und 20 Min. im Backofen (Mitte) garen, dabei nach 10 Min. wenden.

3 Die Bagel aufschneiden und 2 Min. vor Garzeitende mit den Radieschenblättern auf das Backblech geben. Die Schnittflächen der Bagel mit dem Senf-Frischkäse bestreichen, mit Wurstsalat belegen und die Bagel wieder zusammensetzen. Die Bagel sofort mit den Ofen-Radieschen servieren.

ICH MACH MIR DIE WELT, WIDEWIDEWIE SIE MIR GEFÄLLT. JEDENFALLS DAS FRÜHSTÜCK: EXTRAFETT UND MIT GUTE-LAUNE-GARANTIE.

Nudelauflauf aus der Pfanne

*SCHON MAL VOM MITTAGSHUNGER MIESELIG ANGEKNURRT WORDEN,
WEIL DAS MIT DEM AUFLAUF JETZT ECHT ZU LANGE DAUERTE? GENAU. ZUM
GLÜCK IST DIESER AUFLAUF LOCKER FERTIG, BEVOR DIE STIMMUNG KIPPT.*

1 Zwiebel
1 Knoblauchzehe
2 EL Olivenöl
250 g Rinderhackfleisch
1 EL Tomatenmark
50 ml Weißwein
400 g stückige Tomaten mit
Kräutern (aus der Packung)
1 EL Zucker
1 Lorbeerblatt
Salz | schwarzer Pfeffer
200 g Penne, Tortiglioni
oder andere kurze Nudeln
1 Handvoll Basilikumblätter
60 g Gouda am Stück
2 Kugeln Mozzarella
(à 125 g)

AUSSERDEM
1 große ofenfeste Bratpfanne
(ersatzweise runde Auflaufform, ca. 22 cm ∅)

FÜR 2 PERSONEN
Zubereiten: 45 Min.

1 Zwiebel und Knoblauch schälen. Die Zwiebel würfeln, den Knoblauch fein hacken. Das Öl in einer großen, ofenfesten Pfanne erhitzen. Zwiebel und Knoblauch darin bei großer Hitze ca. 20 Sek. anbraten, das Hackfleisch zugeben und in 3–5 Min. krümelig braten. Das Tomatenmark unterrühren, den Wein angießen und einkochen lassen. Dann die stückigen Tomaten, den Zucker, das Lorbeerblatt und 100 ml Wasser unterrühren. Alles mit Salz und Pfeffer würzen und die Sauce zugedeckt 15 Min. bei kleiner Hitze köcheln lassen.

2 Inzwischen den Backofen auf 180° vorheizen. Die Nudeln in reichlich kochendem Salzwasser nach Packungsangabe bissfest garen, dann in ein Sieb abgießen und kurz abtropfen lassen. Die Basilikumblättchen kalt abbrausen, trocken tupfen und grob zerzupfen. Den Gouda grob reiben.

3 Das Lorbeerblatt aus dem Hackfleisch fischen. Pasta und Basilikum in der Pfanne unter die Sauce mischen und alles mit Salz und Pfeffer abschmecken. Den Mozzarella in grobe Stücke zupfen oder schneiden und zusammen mit dem Gouda unter die Pasta heben. Die Pfanne in den Backofen stellen (2. Schiene von unten) und den Auflauf 12 Min. backen.

Fischfrikadellen mit Rote-Bete-Eiern

MÄDCHENTRAUM? PRINZESSINNEN-STYLE? NÖ, AUCH DIE JUNGS MÖGEN ROSA. JEDENFALLS WENN ES WIE HIER AUF DEM TELLER AUFTAUCHT, UND ZWAR DIREKT NEBEN FRIKADELLEN. ROSA FÜR ALLE!

FÜR DIE EIER

2 Eier (Größe M)
40 ml Weißweinessig
250 ml Rote-Bete-Saft

FÜR DIE FISCH-FRIKADELLEN

¼ Bund glatte Petersilie
250 g TK-Seelachs- oder Kabeljaufilet (aufgetaut; möglichst von Followfish oder mit MSC-Siegel)
1 Eiweiß (Größe M)
1 EL mittelscharfer Senf
2 EL Semmelbrösel
2 EL Öl zum Braten

AUSSERDEM

Salz | schwarzer Pfeffer
1 Einmachglas (Inhalt mind. 400 ml)
100 g Remoulade (siehe Rezept S. 35; ersatzweise Fertigprodukt)

FÜR 2 PERSONEN

Zubereiten: 25 Min.
Marinieren: 1 Std.

1 Die Eier in 7–8 Min. hart kochen. Inzwischen in einem Topf Essig mit Rote-Bete-Saft und 1 EL Salz aufkochen, dann abkühlen lassen. Die Eier abgießen und in eiskaltem Wasser auskühlen lassen. Die kalten Eier pellen, in das Einmachglas geben und mit dem Rote-Bete-Sud übergießen, sodass sie komplett bedeckt sind. Die Eier mind. 1 Std. ziehen lassen.

2 Inzwischen für die Frikadellen die Petersilie abbrausen, trocken schütteln und mit den Stängeln grob hacken. Die Fischfilets trocken tupfen und in grobe Stücke schneiden. Fisch, Petersilie und Eiweiß im Blitzhacker nicht zu glatt mixen. Senf und Semmelbrösel unterrühren. Die Masse mit Salz und Pfeffer würzen und zu vier Frikadellen formen. Diese abgedeckt kalt stellen, bis die Eier fertig mariniert sind.

3 Die Eier aus dem Sud nehmen, abtropfen lassen und halbieren. In einer Pfanne das Öl erhitzen und die Fischfrikadellen darin von beiden Seiten je 2–3 Min. braten. Die fertigen Frikadellen mit den Eiern und der Remoulade servieren.

Hähnchensemmeln
mit Sellerie-Remoulade

VON DER HAND IN DEN MUND UND VON DA AUF DIREKTEM WEG ZUM GLÜCKSZENTRUM DES GEHIRNS: DIESE KNUSPERDINGER IM BRÖTCHEN SIND EINFACH GROSSE FASTFOOD-LIEBE!

FÜR DIE REMOULADE
2 EL TK-8-Kräuter-
Mischung
½ Schalotte
1 EL Kapern (in Lake,
aus dem Glas)
1 Stange Staudensellerie
6 Staudensellerieblätter
1 TL mittelscharfer Senf
100 g Mayonnaise (aus dem
Glas oder selbst gemacht,
siehe Tipp S. 58)

FÜR DIE HÄHNCHEN-
SEMMELN
2 Brötchen
2 Hähnchenbrustfilets
1 Ei (Gr. M oder L)
6 EL Weizenmehl
120 g Cornflakes
6 EL Öl zum Braten

AUSSERDEM
Salz | schwarzer Pfeffer

FÜR 2 PERSONEN
Zubereiten: 20 Min.

1 Für die Remoulade die Kräuter kurz auftauen lassen. Die Schalotte schälen und mit den Kapern fein hacken. Die Selleriestange waschen, putzen und in feine Würfel schneiden. Die Sellerieblätter abbrausen und trocken tupfen. Alle Zutaten für die Remoulade bis auf die Sellerieblätter verrühren und die Remoulade mit Salz und Pfeffer würzen.

2 Für die Hähnchensemmeln die Brötchen auf-, aber nicht durchschneiden. Das Hähnchenfleisch waagerecht halbieren, gut mit Küchenpapier trocken tupfen, salzen und pfeffern. Das Ei in einem tiefen Teller verquirlen. Das Mehl auf einen zweiten Teller geben. Die Cornflakes in einem Gefrierbeutel zerbröseln und ebenfalls in einen Teller füllen.

3 Das Fleisch erst im Mehl wenden und überschüssiges Mehl abklopfen. Dann durch das Ei ziehen, kurz abtropfen lassen und zum Schluss in den Cornflakes wenden. Die Cornflakes leicht andrücken. Das Öl in einer Pfanne erhitzen und die Hähnchenschnitzel darin von jeder Seite 3–4 Min. braten. Herausnehmen und kurz auf Küchenpapier entfetten.

4 Die Brötchen mit Remoulade und je 2 Schnitzeln füllen. Die Sellerieblätter grob zerzupfen und darüberstreuen.

Cheesy-Crust-Pizza mit Lachs

ENDLICH WAHLFREIHEIT AUCH BEI PIZZA ALLA CASA: DICK, DÜNN, CHEESY CRUST ODER NICHT? DIE SACHE MIT DEM ZERLAUFENDEN KÄSE IN DER KRUSTE IST ABER AUCH ZU GUT, UM SIE DEN PIZZAKETTEN ZU ÜBERLASSEN.

1 kleine vorwiegend festkochende oder festkochende Kartoffel (ca. 80 g)
350 g Cheddar (ersatzweise Gouda) am Stück
½ Zwiebel
50 g durchwachsener Speck
1 Bund Dill
150 g Schmand
Salz | schwarzer Pfeffer
1 Rolle Pizzateig (260 g, Kühlregal)
100 g Graved-Lachs
4 EL Olivenöl

AUSSERDEM
Backpapier für das Blech

FÜR 2 PERSONEN
Zubereiten: 40 Min.
Backen: 20 Min.

1 Den Backofen auf 220° vorheizen. Ein Blech mit Backpapier belegen. Die Kartoffel schälen und bis zur Verwendung in kaltes Wasser legen. Den Cheddar in 1 cm dicke Stifte schneiden. Die Zwiebel schälen und in feine Streifen schneiden. Den Speck ohne Schwarte fein würfeln. Den Dill abbrausen und trocken schütteln, die Spitzen abzupfen und grob hacken. Die Hälfte des Dills mit dem Schmand und 50 g Cheddar verrühren und die Mischung mit Salz und Pfeffer würzen.

2 Den Teig auseinanderrollen, vom Papier lösen und halbieren. Die Teigstücke nebeneinander auf das Backblech legen. Den geriebenen Cheddar in einem 2 cm breiten Streifen eng am Rand des Teigs verteilen. Mit einem Backpinsel daneben einen ca. 3 cm breiten Streifen zur Mitte hin mit Wasser bepinseln. Den Teig von außen über dem Käse zusammenrollen, sodass ein ca. 2 cm dicker Rand entsteht. Diesen Rand gut andrücken.

3 Die Schmandmischung auf den Pizzaböden verstreichen. Die Kartoffel in 2 mm dicke Scheiben hobeln und darauf verteilen, dann Zwiebeln und Speck darübergeben. Alles salzen und pfeffern. Die Pizzen im heißen Ofen auf der untersten Schiene in ca. 20 Min. goldbraun backen. Die fertigen Pizzen aus dem Ofen nehmen. Den Lachs in grobe Stücke zupfen und mit dem restlichen Dill auf den Fladen verteilen. Zum Schluss die Pizzen mit dem Olivenöl beträufeln und servieren.

Obatzda-Gewürzgurken

WIR WOLLEN WAS KNUSPRIGES. UND WAS MIT GURKEN. UND WAS MIT FEIST CREMIGEM KÄSE. DAS SIND JA DREI WÜNSCHE AUF EINMAL! NA GUT, DANN ZAUBERN WIR EBEN: VOILÀ, DIE GURKENÜBERRASCHUNG!

8 große, möglichst gerade
Gewürzgurken (à ca. 70 g,
∅ mind. 3 cm)
250 g Obatzda (Kühlregal)
8 Scheiben Frühstücksspeck
(Bacon, ca. 80 g)
100 g Cornflakes
2 Eier (Größe M)
4 EL Weizenmehl
100 ml Öl zum Braten

AUSSERDEM
Apfelausstecher
Spritzbeutel mit mittel-
großer Tülle (∅ ca. 1 cm)

FÜR 8 STÜCK
Zubereiten: 30 Min.

1 Die Gurken abtropfen lassen, mit Küchenpapier trocken tupfen und mit einem Apfelausstecher von beiden Seiten aushöhlen. Das geht leichter, wenn der Ausstecher dabei etwas gedreht wird. Von dem ausgestochenen Gurkenfleisch jeweils 1,5 cm lange Stücke abschneiden und beiseitelegen.

2 Den Obatzda in einen Spritzbeutel geben und die Gurken damit füllen (siehe kleines Bild). Die Enden mit den aufbewahrten Gurkenabschnitten sorgfältig verschließen.

3 Um jede Gurke mittig und möglichst stramm 1 Speckstreifen wickeln. Die Enden gut andrücken. Die Cornflakes in einem Gefrierbeutel zerbröseln. Die Eier in einem tiefen Teller verquirlen, das Mehl auf einen zweiten und die Cornflakes-Brösel auf einen dritten Teller geben. Die Gurken im Mehl wenden, durch das Ei ziehen, kurz abtropfen lassen und zum Schluss in den Cornflakes wenden. Die Cornflakes leicht andrücken.

4 Das Öl in einer großen Pfanne erhitzen und die Gurken darin schwimmend bei mittlerer Hitze in ca. 4 Min. rundherum goldbraun braten. Die Gurken sofort servieren.

HAT DA WER »VERBOTEN GUT« GESAGT? NÖ. WAS HIER VERBOTEN
IST, SIND BLOSS NEIDISCHE BLICKE. KOMM, ICH GEB DIR WAS AB.

Römersalat mit Hähnchen

ALSO EHRLICH, IMMER DIESES: »ABER FÜR MICH NUR EIN KLEINES SALÄTCHEN, ICH HAB EIGENTLICH GAR KEINEN HUNGER!« WENN SCHON SALAT, DANN AUCH RICHTIG. MIT ALLEM, WAS GEHT.

2 Knoblauchzehen
4 EL weiche Butter
Salz | schwarzer Pfeffer
½ Baguette
1 Hähnchenbrustfilet
(ca. 200 g)
1 EL Öl zum Braten
1 EL Kapern (in Lake,
aus dem Glas)
60 g Parmesan am Stück
1 EL mittelscharfer Senf
50 g Mayonnaise (aus dem
Glas oder selbst gemacht,
siehe Tipp S. 58)
2 EL Naturjoghurt
1 EL Zitronensaft
200 g Römersalat

AUSSERDEM
Backpapier für das Blech

FÜR 2 PERSONEN
Zubereiten: 35 Min.

1 Den Backofen auf 200° vorheizen. Ein Backblech mit Backpapier auslegen. Den Knoblauch schälen, fein hacken und die Hälfte davon mit der Butter verrühren. Die Knoblauchbutter mit Salz und Pfeffer würzen. Das Brot alle 2 cm tief ein-, aber nicht durchschneiden und in jeden Schnitt etwas Butter streichen.

2 Das Hähnchenbrustfilet mit Küchenpapier trocken tupfen, salzen und pfeffern. Das Öl in einer Pfanne erhitzen und das Fleisch darin von jeder Seite 2 Min. bei großer Hitze anbraten. Das Fleisch zusammen mit dem Baguette auf das Backblech legen und im Ofen auf mittlerer Schiene 12 Min. garen.

3 Inzwischen für das Dressing die Kapern hacken. Die Hälfte des Parmesans fein reiben. Kapern und Parmesan mit restlichem Knoblauch, Senf, Mayonnaise, Joghurt und Zitronensaft verrühren. Das Dressing salzen und pfeffern. Den Salat putzen, waschen und trocken schleudern. Die Blätter grob zerzupfen.

4 Das Blech aus dem Ofen nehmen und das Fleisch etwas abkühlen lassen, dann in mundgerechte Stücke zupfen. Das Hähnchenfleisch mit Dressing und Salat mischen und sofort auf Tellern anrichten. Den restlichen Käse darüberhobeln. Das Knoblauchbaguette dazu servieren.

Merguez-Pies

PIE IN THE SKY WHEN YOU DIE? MAG JA SEIN, ABER DANN SIND DIESE PIES DEFINITIV SO WAS WIE EIN VORGESCHMACK DES HIMMELS. UND SIE WECKEN ABSOLUT IRDISCHE GELÜSTE: NACH MEHR DAVON!

200 g Zwiebeln
1 EL Butter
2 EL Öl zum Braten
½ TL getrockneter Thymian
1 TL Aceto balsamico
200 g rohe Merguez-
Bratwürste
1 Rolle Blätterteig
(ca. 40 × 24 cm, 270 g;
Kühlregal)
1 Eigelb (Größe M)
1 EL Vollmilch

AUSSERDEM
Backpapier für das Blech

FÜR 2 PERSONEN
Zubereiten: 25 Min.
Backen: 20 Min.

1 Die Zwiebeln schälen und in 5 mm dicke Ringe schneiden oder hobeln. Butter und 1 EL Öl in einer Pfanne erhitzen und die Zwiebelringe mit dem Thymian darin bei mittlerer Hitze in ca. 15 Min. goldbraun schmoren. Den Essig unterrühren, die Mischung salzen und pfeffern und abkühlen lassen.

2 Inzwischen den Backofen auf 220° vorheizen. Ein Blech mit Backpapier auslegen. Das Brät der Merguez-Würste aus der Wurstpelle drücken. Den übrigen EL Öl in einer Pfanne erhitzen und das Brät darin bei großer Hitze in 3 Min. krümelig braten. Das Brät mit den weichen Zwiebeln mischen.

3 Den Blätterteig entrollen und vom Papier lösen. Aus dem Teig mit Ausstechern, Gläsern oder umgedrehten Schüsseln zwei Kreise à 12 cm Ø und zwei à 13 cm Ø ausstechen. Die Kreise mit einer Gabel mehrmals einstechen. Die kleineren Kreise auf das Backblech setzen. Die Fleisch-Zwiebel-Füllung gleichmäßig darauf verteilen, dabei einen Rand von 1 cm frei lassen. Die größeren Teigkreise darauflegen und die Ränder zusammendrücken. Das geht am besten mit einer Gabel.

4 Das Eigelb mit der Milch verrühren und die Teigoberseiten damit bepinseln. Die Pies im Ofen auf der 2. Schiene von unten in ca. 20 Min. goldbraun backen.

Backfisch mit Harissa-Aioli

HIER GIBT'S FISH & CHIPS MAL OHNE CHIPS. DAFÜR MIT UNFASSBAR GUTER (UND MINDESTENS EBENSO KNOFELIGER) AIOLI »MIT BISSCHEN SCHARF«. ODER BISSCHEN MEHR SCHARF, GANZ NACH WAHL.

FÜR DIE AIOLI

1 Knoblauchzehe
100 ml Vollmilch
1 EL mittelscharfer Senf
60 ml Olivenöl
100 ml neutrales Pflanzenöl
2 EL Zitronensaft
1 TL Harissa (türkisches oder arabisches Lebensmittelgeschäft)
schwarzer Pfeffer
1 Handvoll Korianderblätter

FÜR DEN FISCH

30 g Speisestärke
60 g Weizenmehl
1 TL Backpulver
100 ml eiskaltes Bier
1 Limette
2 Seelachs- oder Kabeljaufilets (à ca. 80 g; von Followfish, mit MSC-Siegel)
schwarzer Pfeffer

AUSSERDEM

Salz
600 ml Öl zum Frittieren

FÜR 2 PERSONEN

Zubereiten: 30 Min.

1 Für die Aioli den Knoblauch schälen und mit Milch und Senf in einen hohen Rührbecher geben. Alles kurz mit dem Pürierstab mixen. Die beiden Ölsorten daraufgeben. Den Pürierstab auf den Boden des Bechers stellen, anschalten und langsam nach oben ziehen, bis die Mischung dick wird. Die Aioli mit Zitronensaft, Harissa, Salz und Pfeffer würzen. Den Koriander abbrausen und trocken tupfen. Die Hälfte der Blättchen fein hacken und unter die Aioli rühren.

2 Für den Fisch die Speisestärke mit 30 g Weizenmehl, Backpulver und 1 Prise Salz in einer weiten Schüssel mischen. Das Bier zugießen und alles mit dem Schneebesen zu einem glatten Teig verquirlen. Die Limette waschen und in Spalten schneiden.

3 Das Frittieröl in einem weiten, hohen Topf auf 180° erhitzen. Falls du kein Thermometer hast: Die richtige Temperatur ist erreicht, sobald an einem ins Öl gehaltenen Kochlöffelstiel sofort viele Bläschen aufsteigen.

4 Die übrigen 30 g Mehl auf einen Teller geben. Die Fischfilets trocken tupfen, salzen, pfeffern und im Mehl wenden. Die Filets durch den Teig ziehen, kurz abtropfen lassen und im heißen Öl in ca. 4 Min. goldbraun frittieren, dabei zwischendurch einmal wenden. Den Fisch mit einer Schaumkelle herausheben, kurz auf Küchenpapier abtropfen lassen und mit der Aioli und den Limettenspalten auf Tellern anrichten. Die übrigen Korianderblätter zum Schluss darüberstreuen.

Zwiebelpizza mit Speck und Spiegelei

ES GIBT TAGE, DIE KANN MAN IN DIE TONNE KLOPPEN. ODER SICH EIN EI DRAUF BACKEN. VIELLEICHT AUCH ZWEI. AM BESTEN MIT EINER SUPERKNUSPRIGEN TEIGUNTERLAGE.

FÜR DEN TEIG

250 g Weizenmehl
(Type 550)
15 g frische Hefe
3 EL Olivenöl

FÜR DEN BELAG

1 Zweig Rosmarin
1 rote Zwiebel
4 Scheiben Frühstücksspeck
(Bacon)
1 Kugel Mozzarella (125 g)
½ Knoblauchzehe
150 g Crème fraîche
2 Eier (Größe M)
schwarzer Pfeffer

AUSSERDEM

Salz
Mehl zum Verarbeiten
Backpapier für das Blech

FÜR 2 PERSONEN

Zubereiten: 25 Min.
Gehen: 1 Std.
Backen: 20 Min.

1 Für den Teig das Mehl mit ½ TL Salz mischen. Die Hefe zerbröckeln und in 150 ml lauwarmem Wasser auflösen. Die Hefemischung mit dem Öl zum Mehl geben und alles mit den Händen zu einem glatten Teig verkneten. Den Teig abgedeckt an einem warmen Ort 1 Std. gehen lassen.

2 Knapp 30 Min. vor dem Backen den Backofen auf 250° vorheizen, dabei das Backblech in den Ofen schieben. Den Rosmarin abbrausen und trocken schütteln. Die Nadeln abzupfen und fein hacken. Die Zwiebel schälen und würfeln. Den Speck in 2–3 cm große Stücke zupfen. Den Mozzarella gut abtropfen lassen und in kleine Stücke zupfen. Den Knoblauch schälen, fein hacken und mit Crème fraîche und Rosmarin verrühren.

3 Den Teig auf der bemehlten Arbeitsfläche nochmals durchkneten und halbieren. Die erste Hälfte zu einem Kreis (ca. 25 cm ⌀) ausrollen und auf einen Bogen Backpapier ziehen. Den Fladen mit der Hälfte der Crème fraîche bestreichen und mit jeweils der Hälfte Mozzarella, Zwiebeln und Speck belegen. Alles mit Salz und Pfeffer würzen.

4 Die Pizza auf das heiße Backblech ziehen und auf unterster Schiene 5 Min. backen. 1 Ei aufschlagen, auf die Pizza gleiten lassen und die Pizza weitere 5 Min. backen. Inzwischen die zweite Pizza wie beschrieben vorbereiten und backen, sobald die erste fertig ist und aus dem Ofen genommen werden kann.

Ei-Quesadillas mit Chorizo

TORTILLA HOCH ZWEI – UND ALLES DAZWISCHEN, WAS LAUNE MACHT: CHORIZO UND KÄSE UND ZWIEBELN UND EI. ALSO, BESCHEIDEN IST ANDERS. ABER WER BRAUCHT SCHON BESCHEIDEN!

FÜR DIE AVOCADOCREME
1 kleine Knoblauchzehe
½ rote Zwiebel
1 reife Avocado
1 EL Crème fraîche
2 EL Zitronensaft

FÜR DIE QUESADILLAS
100 g luftgetrocknete Chorizo (spanische Wurst; ersatzweise Salami)
200 g Cheddar (ersatzweise Gouda)
2 Frühlingszwiebeln
2 EL Frischkäse
4 große Weizentortillas (25 cm Ø)
1 sehr frisches Ei (Größe M)
2 EL Olivenöl

AUSSERDEM
Salz | schwarzer Pfeffer

FÜR 2 PERSONEN
Zubereiten: 40 Min.

1 Für die Avocadocreme den Knoblauch schälen und fein hacken. Die Zwiebel schälen und würfeln. Die Avocado halbieren und den Stein entfernen. Das Fruchtfleisch mit einem Löffel aus der Schale lösen und mit einer Gabel grob zerdrücken. Das Avocadomus mit Knoblauch, Zwiebelwürfeln, Crème fraîche und Zitronensaft verrühren und mit Salz und Pfeffer würzen.

2 Für die Quesadillas die Chorizo (falls nötig) pellen und in feine Würfel schneiden. Den Cheddar grob reiben. Die Frühlingszwiebeln putzen, waschen, in dünne Ringe schneiden und mit Chorizo, Cheddar und Frischkäse verrühren. Die Creme mit Salz und Pfeffer abschmecken.

3 In zwei großen Pfannen jeweils 1 EL Öl erhitzen. 2 Tortillafladen mit einem Drittel der Füllungsmasse bestreichen. Das Ei in einer Schüssel verquirlen, salzen und pfeffern. Die Tortillafladen in die Pfannen legen und die Eimasse von der Mitte her vorsichtig so auf der Käsefüllung verteilen, dass sie nicht herunterläuft. Die restliche Käsemasse darauf verteilen, alles mit den beiden übrigen Tortillas belegen und leicht andrücken.

4 Die Quesadillafladen bei kleiner Hitze 3–4 Min. pro Seite braten, bis das Äußere schön goldbraun und das Ei gestockt ist. Die Quesadillas aus der Pfanne nehmen, in Viertel schneiden und zusammen mit der Avocadocreme servieren.

Kartoffel-Käse-Suppe mit Köttbullar

MEINE DAMEN UND HERREN: HIERMIT WÄRE ENDLICH BEWIESEN, DASS FLEISCHBÄLLCHEN AUCH AUSSERHALB VON MÖBELHÄUSERN EXISTIEREN KÖNNEN! (ALLERDINGS NICHT LANGE. SIND SIE DA, SIND SIE WEG.)

1 Zwiebel
1 Knoblauchzehe
400 g mehligkochende Kartoffeln
3 EL Öl zum Braten
500 ml Gemüsebrühe
200 g gemischtes Hackfleisch (Schwein / Rind)
1 Eigelb (Größe M)
Salz | schwarzer Pfeffer
2 Stängel Dill
50 g junger Appenzeller
50 g Sahne
1 EL Preiselbeerkonfitüre

FÜR 2 PERSONEN
Zubereiten: 45 Min.

1 Zwiebel und Knoblauch schälen. Die Zwiebel würfeln. Die Kartoffeln schälen und in 3 cm große Stücke schneiden. 1 EL Öl in einem Topf erhitzen. Kartoffeln und Zwiebelwürfel zugeben, den Knoblauch dazupressen und alles 3 Min. bei mittlerer Hitze anbraten. Die Gemüsebrühe zugeben, alles aufkochen und zugedeckt bei kleiner Hitze 15 Min. köcheln lassen.

2 Inzwischen für die Köttbullar das Hackfleisch mit dem Eigelb vermengen, salzen und pfeffern. Aus der Masse zwölf Kugeln formen. 2 EL Öl in einer großen Pfanne erhitzen und die Bällchen darin in ca. 6 Min. bei mittlerer Hitze rundherum goldbraun und gar braten. Den Dill abbrausen, trocken schütteln und hacken. Den Käse reiben.

3 Die Sahne in den Topf geben und die Suppe fein pürieren. Nochmals aufkochen. Den Käse unterrühren und schmelzen lassen. Die Suppe mit Salz und Pfeffer abschmecken und auf Teller verteilen. Köttbullar, Dill und Preiselbeeren darauf anrichten

Ricotta-Kürbis-Lasagne

WAS UNS DIE WARNWESTENFARBE DER LASAGNE SAGEN WILL? VIELLEICHT: »ACHTUNG, SUCHTGEFAHR: WER EINEN BISSEN PROBIERT HAT, KANN LEIDER NICHT MEHR AUFHÖREN.«

FÜR DEN KÜRBIS

400 g Hokkaidokürbis
1 Knoblauchzehe
1 Zwiebel
2 EL Olivenöl
1 Zweig Rosmarin

FÜR DIE RICOTTASAUCE

40 g Butter
30 g Weizenmehl
400 ml Vollmilch
200 g Ricotta

AUSSERDEM

Salz | schwarzer Pfeffer
eine kleine Auflaufform
(ca. 25 × 20 cm)
Butter für die Form
9 Lasagneplatten
(ohne Vorkochen)
30 g frisch geriebener
Parmesan
½ Kugel Mozzarella (60 g)
60 g Gorgonzola

FÜR 2 PERSONEN

Zubereiten: 35 Min.
Backen: 40 Min.

1 Den Kürbis waschen, trocknen, halbieren und die Kerne mit den anhängenden Fasern entfernen. Das Fruchtfleisch in 1 cm große Würfel schneiden. Knoblauch und Zwiebel schälen. Den Knoblauch fein hacken, die Zwiebel würfeln.

2 Das Öl in einer Pfanne erhitzen und Knoblauch, Zwiebeln und Kürbis darin bei mittlerer Hitze unter gelegentlichem Rühren 5 Min. braten. Den Rosmarin abbrausen, trocken schütteln, die Nadeln abstreifen und fein hacken. Den Rosmarin unter den Kürbis mischen und alles in der Pfanne abkühlen lassen.

3 Für die Sauce die Butter in einem Topf zerlassen. Das Mehl unterrühren und kurz hellgelb anschwitzen. Nach und nach die Milch zugießen, dabei mit einem Schneebesen kräftig rühren. Den Ricotta untermischen, die Sauce aufkochen und unter gelegentlichem Rühren in 3–4 Min. dicklich einkochen lassen. Die Sauce mit Salz und Pfeffer abschmecken.

4 Den Backofen auf 180° vorheizen. Eine Auflaufform (ca. 25 × 20 cm) fetten. Etwas Sauce auf dem Boden verteilen. Darauf abwechselnd Nudelplatten, Kürbis und Sauce schichten, bis alle Zutaten verbraucht sind, dabei mit einer Schicht Sauce enden. Alles mit Parmesan bestreuen. Mozzarella und Gorgonzola in Stücke zupfen und darauf verteilen. Die Lasagne im Ofen auf der 2. Schiene von unten in ca. 40 Min. goldbraun backen.

Ei-Nudelsalat mit Erbsen und Lachs

WISST IHR NOCH, DIE PARTYS, BEVOR NUDELSALATE IMMER »GANZ LEICHT« SEIN MUSSTEN? BITTE EINSTEIGEN IN DIE ZEITMASCHINE – HIER SCHMECKT'S FAST WIE FRÜHER. NUR (EHRLICH GESAGT) NOCH BESSER.

100 g kurze Makkaroni
(nach Belieben andere
kurze Pasta)
Salz
100 g TK-Erbsen
3 Eier (Größe M)
4 Stängel Dill
100 g Graved Lachs
100 g Mayonnaise (aus dem
Glas oder selbst gemacht,
siehe Tipp)
100 g Naturjoghurt
2 EL grober Dijonsenf
4 EL Sahne
2 EL Zitronensaft
schwarzer Pfeffer

FÜR 2 PERSONEN
Zubereiten: 30 Min.

1 In einem Topf die Makkaroni in reichlich Salzwasser nach Packungsangabe bissfest garen. 3 Min. vor Garzeitende die Erbsen zugeben und mitgaren. Eine Schüssel mit eiskaltem Wasser bereitstellen. Nudeln und Erbsen in ein Sieb abgießen, in das kalte Wasser geben und darin auskühlen lassen. Erneut in ein Sieb abgießen und gut abtropfen lassen.

2 Inzwischen Eier in 8 Min. hart kochen, abgießen und in kaltem Wasser auskühlen lassen. Den Dill abbrausen und trocken schütteln. Die Spitzen abzupfen und fein hacken. Den Lachs in mundgerechte Stücke zupfen. Die Mayonnaise mit Joghurt, Senf, Sahne, Zitronensaft und der Hälfte des Dills glatt rühren. Die Eier pellen und grob hacken.

3 Die Erbsen-Nudel-Mischung in eine Schüssel geben und Eier, Dressing und Lachs untermischen. Den Salat mit Salz und Pfeffer abschmecken und mit Dill bestreut servieren.

DIE BESTE MAYO? SELBER MIXEN!

Für ca. 180 ml Mayonnaise in einen hohen Rührbecher nacheinander 2 sehr frische Eigelb (Größe M), 2 TL mittelscharfen Senf, 2 TL Zitronensaft, je 1 Prise Salz und Pfeffer sowie 150 ml neutrales Pflanzenöl geben. Einen Pürierstab hineinstellen, einschalten und langsam hochziehen. Weitermixen, bis eine dicke Mayonnaise entstanden ist, und diese mit Salz abschmecken.

Forellensandwiches mit Coleslaw

BEI HUNGERALARM GEHT'S NATÜRLICH AUCH, OHNE DIE CREME KALT ZU STELLEN. ABER DURCHGEZOGEN IST DER MMH-FAKTOR NOCH HÖHER.

FÜR DIE FORELLEN-CREME

½ Bund Dill
2 geräucherte Forellenfilets
(ca. 130 g)
80 g Frischkäse
2 EL Sahnemeerrettich
(aus dem Glas)

FÜR DEN COLESLAW

100 g Möhre
100 g Weißkohl
1 Schalotte
1 TL mittelscharfer Senf
1 EL Zitronensaft
2 EL Mayonnaise (aus dem
Glas oder selbst gemacht,
siehe Tipp S. 58)

AUSSERDEM

Salz | schwarzer Pfeffer
4 Scheiben Toast
2 eingelegte Gurken-
scheiben (aus dem Glas)
Zahnstocher
1 Handvoll Kartoffelchips
(Geschmacksrichtung Salz
und Pfeffer)

FÜR 2 PERSONEN

Zubereiten: 25 Min.
Kühlen: 1 Std.

1 Den Dill abbrausen, trocken schütteln und die Spitzen fein hacken. Das Forellenfilet mit zwei Gabeln fein zerpflücken, mit Frischkäse und Sahnemeerrettich verrühren. Die Hälfte des Dills unterrühren. Die Creme mit Salz und Pfeffer abschmecken und zum Durchziehen abgedeckt 1 Std. kalt stellen.

2 Für den Coleslaw die Möhre putzen, schälen und in feine Streifen schneiden. Den Kohl waschen und ohne Strunk fein hobeln. Die Schalotte schälen und in feine Streifen schneiden. Das Gemüse mit Senf, Zitronensaft und Mayonnaise verrühren, mit Salz und Pfeffer würzen und 1 Std. abgedeckt kalt stellen.

3 Zum Servieren die Brotscheiben toasten. 2 Scheiben dick mit der Forellencreme bestreichen und mit Coleslaw belegen. Den übrigen Dill darüberstreuen. Die übrigen Toastscheiben darauflegen und leicht andrücken. Die eingelegten Gurkenscheiben zusammenklappen und jeweils mit einem Zahnstocher auf den Toasts feststecken. Die Chips dazu servieren.

Zwiebelsuppe mit Brot und Speck

JUCHHE, EIN TRÜBGRAUKALTNIESELIGER TAG! DER PERFEKTE VORWAND, DIE HÄNDE AN EINER SCHÜSSEL ZWIEBELSUPPE ZU WÄRMEN UND SICH IN EIN PARISER BISTRO ZU TRÄUMEN.

¼ Baguette
5 EL Olivenöl
100 g durchwachsener Speck am Stück
2 kleine Knoblauchzehen
300 g Zwiebeln
1 TL Weizenmehl
50 ml Weißwein
400 ml Rinderbrühe
1 Lorbeerblatt
1 kleine Dose geschälte Tomaten (400 g)
50 g Crème fraîche
Salz | schwarzer Pfeffer
60 g Gruyère (ersatzweise Emmentaler)

FÜR 2 PERSONEN
Zubereiten: 50 Min.

1 Das Baguette in 4 cm große Würfel schneiden. 3 EL Öl in einer Pfanne erhitzen und die Brotwürfel darin bei mittlerer Hitze rundherum goldbraun braten. Das Brot herausnehmen. Den Speck ohne Schwarte fein würfeln. Knoblauch und Zwiebeln schälen. Den Knoblauch hacken, die Zwiebeln in ½ cm dicke Ringe schneiden oder hobeln.

2 Die übrigen 2 EL Öl in einem Topf erhitzen. Speck, Zwiebeln und Knoblauch darin bei mittlerer Hitze in ca. 10 Min. goldbraun braten. Das Mehl darüberstäuben und kurz mitrösten. Den Wein zugießen und vollständig einkochen lassen. Brühe, Lorbeer und Tomaten zugeben. Alles aufkochen und 20 Min. bei mittlerer Hitze offen köcheln lassen.

3 Den Backofen auf 240° vorheizen (Umluft nicht empfehlenswert). Das Lorbeerblatt entfernen und die Tomaten mit einem Kochlöffel zerdrücken. Die Crème fraîche unterrühren, die Suppe erneut aufkochen lassen und mit Salz und Pfeffer abschmecken. Den Gruyère oder Emmentaler grob reiben.

4 Die Suppe in zwei ofenfeste Suppenschalen füllen und auf ein Backblech (mittlere Schiene) stellen. Die Brotwürfel auf die Schale verteilen und den Käse darüberstreuen. Die Suppe ca. 8 Min. gratinieren, bis der Käse geschmolzen ist.

Hähnchen in cremiger Tomatensauce

KEIN KOPF ZUM KOCHEN? WENN NICHTS MEHR GEHT, DANN GEHT IMMER NOCH PASTA. MIT DIESER EXTRACREMIGEN TOMATENSAUCE, WEIL WIR UNS ECHT WAS EXTRAGUTES VERDIENT HABEN. GEHT DOCH!

2 Knoblauchzehen
½ Zwiebel
2 Hähnchenbrustfilets
(à ca. 180 g)
1 TL Sambal oelek (aus dem Glas; Asienladen)
Salz | schwarzer Pfeffer
2 EL Olivenöl
400 g stückige Tomaten
(aus der Packung)
100 g Sahne
100 g Mascarpone
4 getrocknete Tomaten in Öl
(aus dem Glas)
1 Zweig Rosmarin
3 Stängel Basilikum
1 TL abgeriebene Schale
von ½ Bio-Zitrone
200 g lange Makkaroni
20 g Parmesan am Stück

FÜR 2 PERSONEN
Zubereiten: 30 Min.

1 Den Knoblauch schälen und in dünne Scheiben schneiden. Die Zwiebel schälen und würfeln. Die Hähnchenbrustfilets trocken tupfen, mit Sambal oelek bestreichen, salzen und pfeffern. 1 EL Öl in einer Pfanne erhitzen und das Hähnchenfleisch darin bei großer Hitze kurz von beiden Seiten goldbraun anbraten. Herausnehmen und auf einen Teller legen.

2 Im Bratensatz in der Pfanne den übrigen EL Öl erhitzen und Zwiebeln und Knoblauch darin 30 Sek. anbraten. Tomaten, Sahne und Mascarpone zugeben und aufkochen lassen. Die Sauce mit Salz und Pfeffer würzen, das Fleisch zugeben und mit der Sauce bedecken. Alles zugedeckt bei mittlerer Hitze 20 Min. köcheln lassen, bis die Hähnchenbrust gar ist.

3 Inzwischen die getrockneten Tomaten in feine Streifen schneiden. Reichlich Wasser in einem großen Topf aufkochen und salzen. Nach 10 Min. Garzeit die Makkaroni darin nach Packungsangabe bissfest garen. Rosmarin und Basilikum abbrausen und trocken schütteln. Zitronenschale, den Rosmarinzweig, 2 Stängel Basilikum und die getrockneten Tomaten unter die Tomatensauce rühren. Die restlichen Basilikumblätter grob zerzupfen.

4 Die Makkaroni in ein Sieb abgießen und abtropfen lassen. Den Rosmarinzweig aus der Sauce entfernen. Die Pasta auf zwei Teller verteilen und je 1 Hähnchenbrust mit Sauce darübergeben. Den Parmesan hobeln und mit dem gezupften Basilikum über das Gericht streuen. Sofort servieren.

Bratwurst mit Zwiebelsauce

DAS BLÖDE AN DER WURST: SIE HAT EIN ENDE. EINS, NICHT ZWEI, DENN WENN DIE PFANNE LEER IST, DANN WAR'S DAS. BIS ZUM NÄCHSTEN MAL. GLEICH MAL ZWIEBELN SCHNEIDEN …

½ Knoblauchzehe
150 g Zwiebeln
2 EL Olivenöl
4 grobe Bratwürste
(à ca. 100 g)
100 ml Rinderbrühe
1½ TL Speisestärke
2 Zweige Thymian
200 ml Malzbier
Salz | schwarzer Pfeffer

FÜR 2 PERSONEN
Zubereiten: 20 Min.

1 Knoblauch und Zwiebeln schälen. Den Knoblauch fein hacken, die Zwiebeln in ½ cm dicke Ringe hobeln. 1 EL Öl in einer Pfanne erhitzen. Die Bratwürste mit einer Gabel oder Nadel mehrmals einstechen und in der Pfanne bei mittlerer Hitze in ca. 5 Min. rundum braun braten. Die Würste herausnehmen und den übrigen EL Öl in die Pfanne geben. Zwiebeln und Knoblauch darin bei mittlerer Hitze ca. 5 Min. braten.

2 Inzwischen Brühe und Stärke verrühren. Den Thymian abbrausen und trocken schütteln und die Blättchen abzupfen. Die Thymianblättchen mit der Brühe und dem Malzbier zu den Zwiebeln geben. Die Mischung einmal aufkochen und 2 Min. bei mittlerer Hitze köcheln lassen. Die Würstchen zugeben und alles 2 Min. weiterköcheln, bis die Sauce sämig wird.

3 Die Zwiebelsauce mit Salz und Pfeffer abschmecken. Die Würstchen mit der Zwiebelsauce anrichten. Dazu passt geröstetes Brot und/oder Kartoffelpüree.

Ramen-Suppe mit Entenbrust

SCHLÜRFEN ERLAUBT! WER NUDELN UND SUPPE MIT MAXIMAL GENÜSSLICHEM GERÄUSCHPEGEL ISST, HAT MEHR DAVON. SAGEN DIE JAPANER. UND DIE MÜSSEN ES ALS RAMEN-MEISTER JA WISSEN

1 Knoblauchzehe
20 g frischer Ingwer
2 Frühlingszwiebeln
100 g Ramennudeln (ersatzweise Mienudeln; Asienladen)
1 kleine Entenbrust (ca. 300 g)
2 Eier (Größe M)
1 geröstetes Noriblatt (Supermarkt oder Asienladen)
2 EL Öl zum Braten
500 ml Hühnerbrühe
1 EL Misopaste (Mugi-Miso, Bio- oder Asienladen)
¼ TL Chiliflocken

FÜR 2 PERSONEN
Zubereiten: 50 Min.

1 Den Backofen auf 180° vorheizen. Knoblauch und Ingwer schälen und zusammen fein hacken. Die Frühlingszwiebeln putzen, waschen und in feine Ringe schneiden; dabei die dunkelgrünen Teile von den weißen und hellgrünen getrennt halten. Die Nudeln nach Packungsanweisung garen, abgießen, gut abtropfen lassen und auf zwei Suppenschalen verteilen.

2 Die Entenbrust trocken tupfen und salzen. Die Hautseite mit einem scharfen Messer rautenförmig einritzen, ohne dabei ins Fleisch zu schneiden. Die Entenbrust mit der Hautseite nach unten in eine kalte ofenfeste Pfanne geben und die Pfanne bei großer Hitze sehr heiß werden lassen. Das Fleisch ca. 5 Min. braten, sodass das Fett austritt. Die Entenbrust wenden und weitere 3 Min. braten. Die Pfanne in den heißen Ofen (Mitte) geben und das Fleisch in ca. 15 Min. zu Ende garen.

3 Inzwischen die Eier in 7 Min. knapp hart kochen, kalt abschrecken und pellen. Während die Eier kochen, das Noriblatt in 4 Stücke schneiden. Das Öl in einem Topf erhitzen. Ingwer-Knoblauch-Mischung und weiße und hellgrüne Frühlingszwiebelringe ca. 30 Sek. anbraten. Die Brühe angießen, aufkochen und zugedeckt bei mittlerer Hitze 5 Min. köcheln lassen.

4 Die Entenbrust aus dem Ofen nehmen und zugedeckt 5 Min. ruhen lassen. Inzwischen die Brühe nochmals kurz aufkochen und die Misopaste einrühren. Die Entenbrust in Scheiben schneiden und mit den dunklen Frühlingszwiebelringen auf die Nudeln geben. Die Brühe darübergießen. Die Eier halbieren und in die Suppe geben. Die Noriblätter an den Rand legen und die Suppe mit Chiliflocken bestreut sofort servieren.

*DANKE, ICH VERZICHTE. AUFS VERZICHTEN UND VERNÜNFTELN UND
MIR-SELBST-ALLES-VERBIETEN. UND JETZT HER MIT DEM SCHÖNEN LEBEN!*

Griechischer Chefsalat mit Aubergine

ZUM GLÜCK – BEI DIESEM SALAT BESTEHT KEINE GEFAHR, IHN MIT VERHÄRMTER DIÄTKOST ZU VERWECHSELN! DAFÜR SORGEN KNUSPRIGE AUBERGINEN UND QUIETSCHIGER KÄSE. NA DENN: ZUGREIFEN!

½ Aubergine
Salz | schwarzer Pfeffer
½ Salatgurke
3 Eier (Größe M)
10 rote und gelbe
Kirschtomaten
125 g Halloumi
(griechischer Bratkäse)
½ Bund Dill
2 EL Zitronensaft
6 EL Olivenöl
1 Knoblauchzehe
2 EL Weizenmehl
5 EL Polenta
2 EL frisch geriebener
Parmesan
4 EL Kalamata-Oliven

AUSSERDEM
120 ml Öl zum Braten

FÜR 2 PERSONEN
Zubereiten: 45 Min.

1 Die Auberginenhälfte waschen, putzen, in 1,5 cm dicke Stifte schneiden und kräftig salzen. Die Gurke putzen, schälen und in 3 cm große Würfel schneiden. Die Kirschtomaten waschen und halbieren. Die Tomatenhälften mit den Gurkenwürfeln mischen und auf zwei Schalen verteilen.

2 2 Eier in ca. 8 Min. hart kochen, kurz abschrecken und pellen. Den Halloumi trocken tupfen und in ca. 1 cm dicke Scheiben schneiden. Den Dill waschen, trocken schütteln und ohne dicke Stängel grob hacken. In einer Schüssel ein Drittel der gehackten Dillmenge mit Zitronensaft und 5 EL Olivenöl mischen. Den Knoblauch schälen, dazupressen und unterquirlen. Das Dressing mit Salz und Pfeffer abschmecken.

3 Die Auberginen mit Küchenpapier gut trocken tupfen. Das Mehl auf einen Teller geben und das dritte Ei in einem tiefen Teller verquirlen. Polenta und Parmesan mischen und in einen weiteren tiefen Teller füllen. Das Öl zum Braten in einer großen Pfanne erhitzen. Die Auberginen im Mehl wenden, durchs Ei ziehen und in der Polentamischung wenden. Die panierten Auberginenstifte im Öl bei mittlerer Hitze in ca. 4 Min. rundherum knusprig braten, bis die Aubergine gar ist. Die Stifte herausnehmen, auf Küchenpapier abtropfen lassen, salzen und pfeffern.

4 Gleichzeitig eine Grillpfanne stark erhitzen und mit 1 EL von dem Frittieröl auspinseln. Den Halloumi darin von jeder Seite 30 Sek. grillen und sofort herausnehmen. Die Auberginen mit dem Halloumi, den halbierten Eiern und den Oliven auf dem Gurken-Tomaten-Salat anrichten. Den restlichen Dill darüberstreuen und das Dressing dazu servieren.

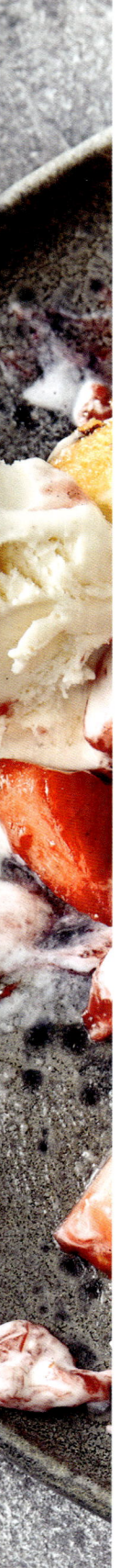

Frittierte Apple Pies

*ES GIBT BONBONS MIT APPLE-PIE-GESCHMACK, TEE UND SOGAR
DUFTKERZEN. HÖCHSTE ZEIT, MAL WIEDER IN DAS ORIGINAL ZU BEISSEN.
DAS SCHMECKT NÄMLICH VIEL BESSER ALS ALLE KUNSTAROMEN.*

FÜR DEN TEIG

125 ml Vollmilch
250 g Weizenmehl
(Type 405 oder 550)
1 Päckchen Trockenhefe
1 Prise Salz
40 g zimmerwarmes Butter-
schmalz
2 Eigelb (Größe M)

FÜR FÜLLUNG UND GUSS

200 g säuerliche Äpfel
40 g Zucker
1 Päckchen Bourbonvanille-
zucker
200 g TK-Beerenmischung
½ EL Speisestärke
60 g Puderzucker
½–1 EL Zitronensaft

AUSSERDEM

Mehl zum Verarbeiten
1 kg Schweineschmalz oder
1 l Öl zum Frittieren
Vanilleeiscreme zum
Servieren (nach Belieben)

FÜR 6 STÜCK

Zubereiten: 30 Min.
Gehen: 1 Stunde
Backen: 15 Min.

1 Für den Teig die Milch lauwarm erhitzen. Das Mehl in einer Schüssel mit Hefe und Salz mischen. Milch, Butterschmalz und Eigelbe zugeben und alles zu einem glatten Teig kneten. Abgedeckt an einem warmen Ort 45 Min. ruhen lassen.

2 Inzwischen für die Füllung die Äpfel schälen, halbieren und ohne Kerngehäuse 1,5 cm groß würfeln. In einem Topf mit Zucker, Vanillezucker und Beeren mischen. Alles zugedeckt aufkochen und 5 Min. bei mittlerer Hitze köcheln lassen. Die Stärke mit 1 EL Wasser glatt rühren, einrühren und alles erneut aufkochen. Die Füllung auf einem großen Teller oder einer Platte verteilen und 10 Min. abkühlen lassen.

3 Den Teig durchkneten und auf der bemehlten Arbeitsfläche 5 mm dick ausrollen. Mit einem Ausstecher oder einer umgedrehten Schüssel vier Kreise (Ø 14 cm) ausstechen. Die Teigreste erneut ausrollen und zwei weitere Kreise ausstechen. Ein Sechstel der Füllung auf der Hälfte eines Teigkreises verteilen, dabei einen Rand lassen. Den Teigrand mit Wasser einpinseln. Den Teig über der Füllung zusammenklappen und die Ränder mit einer Gabel gut zusammendrücken. Die übrigen Teigkreise ebenso füllen. Die Pies auf der bemehlten Arbeitsfläche mit einem Tuch abgedeckt 15 Min. ruhen lassen.

4 Das Schmalz oder Öl in einem breiten Topf oder einer Fritteuse auf 180° erhitzen. Die Temperatur ist erreicht, sobald an einem hineingehaltenen Kochlöffelstiel sofort viele Bläschen aufsteigen. Die Pies im heißen Fett portionsweise von jeder Seite 2–3 Min. frittieren, mit einer Schaumkelle herausnehmen und auf Küchenpapier abtropfen lassen. Puderzucker mit Zitronensaft und falls nötig 1 EL Wasser zu einem Guss verrühren, die Pies noch warm damit bestreichen und etwas abkühlen lassen. Die Pies nach Belieben mit Vanilleeis servieren.

Hot Chocolate mit Marshmallows

HILFT BEI LIEBESKUMMER, DAUERREGEN UND ARBEITSFRUST. EINZUNEHMEN UNBEDINGT AUF EINEM KUSCHLIGEN SOFA. ZU RISIKEN UND NEBENWIRKUNGEN FRAGEN SIE – ACH EGAL. EINFACH GENIESSEN.

50 g Sahne
100 g Zartbitterschokolade
500 ml Vollmilch
4 EL Orangenlikör
(nach Belieben)
8 kleine Marshmallows

FÜR 2 PERSONEN
Zubereiten: 10 Min.

1 Die Sahne steif schlagen. Die Schokolade fein hacken und 40 g davon in eine Schüssel geben. Wasser in einem mittelgroßen Topf erhitzen, aber nicht kochen lassen. Den Topf vom Herd nehmen, die Schüssel daraufsetzen, sodass das Wasser den Schüsselboden gerade eben berührt, und die Schokolade unter gelegentlichem Rühren schmelzen lassen.

2 Inzwischen die Milch aufkochen, vom Herd ziehen und die restliche Schokolade darin schmelzen. Den Likör unterrühren. Die heiße Schokolade in zwei große Becher füllen, die Sahne daraufgeben und etwas unterrühren. Die Marshmallows daraufstreuen und die flüssige Schokolade mit einem Löffel langsam darüberlaufen lassen. Sofort servieren.

Milchreispudding mit Orange

*WER SAGT DENN, DASS SICH UNTER KARAMELLKRUSTE IMMER
VANILLECREME VERSTECKEN MUSS?*

625 ml Vollmilch
1 Päckchen Bourbonvanille-
zucker
20 g Zucker
1 Prise Salz
100 g Milchreis
abgeriebene Schale von
¼ Bio-Zitrone
1 EL Speisestärke
1 Eigelb (Gr. M)
4 EL Orangenmarmelade
30 g Rohrohrzucker

AUSSERDEM
Küchenbunsenbrenner
(siehe auch Tipp)

FÜR 2 PERSONEN
Zubereiten: 20 Min.
Kühlen: 1 Std.

1 500 ml Milch mit Vanillezucker, Zucker, Salz und Reis aufkochen. Den Milchreis bei kleiner Hitze zugedeckt unter gelegentlichem Rühren in 20–25 Min. weich garen.

2 Sobald der Reis fertig ist, die restlichen 125 ml Milch mit Zitronenschale, Speisestärke und Eigelb in einem Topf verrühren.
Den gekochten Milchreis nach und nach unterrühren. Alles
langsam unter Rühren erhitzen, aufkochen und 30 Sek. köcheln
lassen. Den Topf vom Herd nehmen.

3 Die Orangenmarmelade in zwei Schalen verteilen. Den Reis-
pudding daraufgeben und im Kühlschrank mindestens 1 Std. fest
werden lassen. Zum Servieren die Oberfläche des Puddings mit
dem Zucker bestreuen und mit dem Brenner karamellisieren

STATT BRENNER: GRILL EINSCHALTEN!

Der handliche Brenner für Crème brûlée und andere Dessertschweinereien
mit krachender Zuckerkruste ist seit dem letzten Umzug verschollen? Was, du
hattest nie einen? Dann schalte hier einfach den Backofengrill ein und kara-
mellisiere den Pudding darunter. Aber Achtung: Behalte ihn gut im Blick! Nicht
nur, weil die Kruste schnell zu dunkel wird, sondern auch, damit der Pudding
nicht heimlich verschwindet. Karamellduft ist verführerisch …

Riesen-Erdnussschnecke

HURRA, EINE IDEE, WAS MAN MIT SCHOKOCREME ANFANGEN KANN! DIE WIRD JA SONST NIE LEER. (AUS DER REIHE: DINGE, DIE NIEMAND JE SAGT.) ABER HIERFÜR LOHNT ES SICH GLATT, EIN NEUES GLAS ZU KAUFEN.

80 g Butter
500 g Weizenmehl
(Type 405 oder 550)
1 Päckchen Trockenhefe
50 g Zucker
1 Prise Salz
250 ml Vollmilch
1 Eigelb (Größe M)
250 g geröstete
gesalzene Erdnüsse
300 g Nussnougatcreme

AUSSERDEM
Springform (∅ 20 cm)
Backpapier und Butter
für die Form
Mehl zum Verarbeiten
100 g Puderzucker

FÜR 8 STÜCKE
Zubereiten: 30 Min.
Gehen: 1 Std. 30 Min.
Backen: 40 Min.

1 Die Butter in einem Topf zerlassen und abkühlen lassen. Das Mehl in einer Schüssel mit Hefe, Zucker und Salz mischen. Die Milch lauwarm erhitzen und mit Butter und Eigelb zur Mehlmischung geben. Alles mit den Knethaken in ca. 5 Min. zu einem glatten Teig kneten. Den Teig in einer Schüssel abgedeckt an einem warmen Ort 1 Std. gehen lassen.

2 Inzwischen 200 g Erdnüsse grob hacken. Den Boden einer Springform (∅ 20 cm) mit Backpapier auslegen, die Wände einfetten. Den Teig auf der bemehlten Arbeitsfläche nochmals kräftig durchkneten und zu einem Rechteck (25 × 40 cm) ausrollen. Den Teig mit Nussnougatcreme bestreichen, die gehackten Erdnüsse darauf verteilen und den Teig mit einem großen Messer längs in fünf ca. 5 cm große Streifen schneiden.

3 Den ersten Streifen eng zu einer Schnecke aufrollen, diese an den Anfang des zweiten Streifens setzen und weiter aufrollen. Mit den restlichen Streifen wie beschrieben fortfahren. Die entstandene große Schnecke in die Springform setzen und abgedeckt an einem warmen Ort 30 Min. gehen lassen.

4 Inzwischen den Backofen auf 200° vorheizen. Die Hefeschnecke im Ofen auf der 2. Schiene von unten in ca. 40 Min. goldbraun backen. Wird der Teig zu dunkel, die Form mit etwas Backpapier abdecken. Die fertige Schnecke auf einem Kuchengitter abkühlen lassen, dabei nach 10 Min. aus der Form lösen. Den Puderzucker mit 1–2 EL Wasser zu einem Guss verrühren. Die Schnecke damit beträufeln oder bepinseln und die ungehackten Erdnüsse daraufstreuen.

ROARRRR! – HEY, HUNGERMONSTER, VOR DIR HAB ICH KEINE ANGST.
MUND AUF, AUGEN ZU. – SCHNURRRR. – GENAU. GEHT DOCH.

Nougat-Cruffins

JA, DAS ROLLEN UND WICKELN UND KNOTEN IST EINE ETWAS FETTIGE ANGELEGENHEIT. ABER IST NICHT BUTTER ANGEBLICH GUT FÜR DIE HAUT?

1 Rolle Plunder- bzw. Croissantteig (340–400 g; Kühlregal, siehe Tipp)
40 g weiche Butter
50 g Nussnougat (am Stück)

AUSSERDEM

1 Muffinbackblech
4 Papierförmchen oder
Butter für das Blech
1 EL Puderzucker zum
Bestreuen

FÜR 4 STÜCK

Zubereiten: 20 Min.
Backen: 20 Min.

1 Den Backofen auf 190° vorheizen. Den Teig längs in vier Streifen schneiden und jeden mit 10 g Butter bestreichen. Den ersten Streifen von der schmalen Seite her aufrollen, dabei leichten Druck ausüben, sodass die Rolle dabei etwas breiter wird. Die Rolle an den schmalen Anfang des zweiten Streifens legen und weiter aufrollen. Aus den beiden restlichen Streifen ebenso eine Rolle wickeln. Beide mit Druck auf der Arbeitsfläche hin- und herrollen, sodass zwei ca. 18 cm lange Stränge entstehen.

2 Den Nougat in vier Würfel schneiden. Die Papierförmchen in die Mulden des Muffinblechs setzen oder vier Mulden mit Butter auspinseln. Beide Teigstränge der Länge nach halbieren und an das Ende jedes Teigstreifens ein Stück Nougat drücken. Den Streifen mit der Schnittfläche nach außen rund um das Nougatstück zu einem Knoten schlingen und das andere Ende darunter festdrücken (siehe kleines Bild). Die Cruffins in die Muffinförmchen oder -mulden setzen und im Backofen (2. Schiene von unten) in ca. 20 Min. goldbraun backen.

3 Die fertigen Cruffins aus dem Backofen nehmen, auf einem Kuchengitter 10 Min. abkühlen lassen und dann aus der Form nehmen. Nochmals 5 Min. abkühlen lassen. Die Cruffins mit Puderzucker bestäuben und am besten noch warm servieren.

GOOD TO KNOW: DER TEIG

Croissant- bzw. Plunderteig wird manchmal in runden Platten angeboten. Kein Problem: Schneide ihn einfach genau wie oben beschrieben in Streifen und rolle jeweils einen langen Mittel- und einen kurzen Endstreifen zusammen auf. Du hattest in deinem Supermarkt überhaupt kein Glück? Dann verwende einfach süßen Hefeteig aus dem Kühlregal.

Victoria-Spritzkuchen

VICTORIA, DIE SIEGREICHE: OB DER NAME DIESER KRASS KÖSTLICHEN KRINGEL DEN SIEG DER SÜSSEN KLEINEN PAUSE ÜBER ERHOBENE ERNÄHRUNGSZEIGEFINGER MEINT? EGAL, WIR FEIERN IHN JEDENFALLS.

FÜR DEN TEIG

1 Prise Salz
100 g Butter
120 g Weizenmehl
(Type 405)
3 Eier (Gr. M)

FÜR BELAG UND GUSS

100 g Preiselbeeren
(aus dem Glas)
120 g Puderzucker
1–2 EL Zitronensaft

AUSSERDEM

1 l Öl zum Frittieren
Backpapier
Spritzbeutel mit großer
Sterntülle

FÜR 8 STÜCK

Zubereiten: 40 Min.
Backen: 8 Min. pro Portion

1 In einem Topf 125 ml Wasser mit Salz und Butter aufkochen. Das Mehl auf einmal zugeben und die Masse kräftig mit einem hölzernen Kochlöffel rühren, bis sie sich zu einem Kloß zusammenballt und auf dem Topfboden ein Belag zu sehen ist. Den Topf vom Herd nehmen und den Teig etwas abkühlen lassen.

2 Die Eier nacheinander unter den Teig arbeiten, dabei das nächste Ei immer erst dann zugeben, wenn das vorhergehende vollständig eingearbeitet ist. Der fertige Brandteig soll schön glänzen und weich vom Kochlöffel fallen.

3 Das Frittieröl auf maximal 180° erhitzen. Falls du kein Thermometer hast: Die Temperatur ist erreicht, sobald an einem hineingehaltenen Kochlöffelstiel sofort viele Bläschen aufsteigen. Inzwischen aus Backpapier zehn Quadrate (10 cm) ausschneiden und jedes kurz ins Öl tauchen. Den Teig in einen Spritzbeutel mit großer Sterntülle füllen. Auf jedes Papierquadrat einen Kringel (Ø 7–8 cm) spritzen. Die Kringel portionsweise mit der Papierseite nach oben ins Öl geben, das Papier vorsichtig abziehen und die Kringel von jeder Seite in 3–4 Min. goldgelb backen.

4 Die Kringel herausnehmen und auf mehreren Lagen Küchenpapier abtropfen lassen. Die Preiselbeeren mit einem Teelöffel gleichmäßig darauf verteilen. Für den Guss den Puderzucker mit Zitronensaft und etwas Wasser zu einem zähflüssigen Guss verrühren. Das Spritzgebäck damit bestreichen und auf einem Kuchengitter fest werden lassen.

Oreo-Eisshake mit Schokosauce

NÖ, FÜR SUPERCREMIGEN, GNADENLOS FANTASTISCH SÜSSEN SHAKE MUSS NIEMAND IN DIE BURGERBUDE. DAS GEHT NÄMLICH AUCH ZU HAUSE – UND DA KANN MAN BEIM GENIESSEN SOGAR DIE FÜSSE HOCHLEGEN!

30 g Zartbitterschokolade
2 EL Sahne
7 Oreo-Kekse (gut sortierter Supermarkt)
200 g Stracciatella-Eiscreme (ersatzweise Bourbon-vanille-Eiscreme)
100 g Crushed Ice
200 ml kalte Vollmilch

FÜR 2 PERSONEN
Zubereiten: 20 Min.

1 Die Schokolade fein hacken. Die Sahne in einem kleinen Topf aufkochen, vom Herd nehmen und die Schokolade gleichmäßig daraufstreuen. Den Topf zur Seite stellen. Einen Oreo-Keks grob zerkrümeln, die übrigen halbieren und mit Eiscreme, Crushed Ice und Milch in den Mixbecher eines Standmixers geben. Alles zu einem cremigen Shake mixen (mit einem leistungsfähigen Pürierstab in einem hohen Rührbecher klappt es natürlich auch).

2 Die geschmolzene Schokolade mit einem Löffel zügig mit der Sahne verrühren. Zwei Gläser (ca. 350 ml Fassungsvermögen) bereitstellen und in jedem rundherum am Rand einen Esslöffel Schokoladensauce verteilen. Den Shake auf die Gläser verteilen und mit Kekskrümeln und Schokosauce garnieren.

HER MIT DEN LIEBLINGSKEKSEN!

Es müssen natürlich nicht die schwarz-weißen amerikanischen Kult-Kekse sein: Andere mürbe Sorten mit Cremefüllung schmecken in diesem Shake natürlich ebenfalls. Alles Geschmackssache!

Migas mit Sardinen und Spiegelei

OKAY, DIESE TRADITIONELLE BROT-RESTEVERWERTUNG KRIEGT VIELLEICHT NIEMALS EINEN MICHELIN-STERN. ABER DAFÜR IST IHR DER PUBLIKUMSPREIS IN DER KATEGORIE »YUMMY« SICHER!

½ Baguette (ca. 150 g)
100 g Frühstücksspeck (Bacon)
5 Stängel glatte Petersilie
150 g Pimientos (grüne Bratpaprika)
1 Knoblauchzehe
125 g Ölsardinen (aus Glas / Dose)
5 EL Olivenöl
1 TL edelsüßes Paprikapulver
1 EL Kapern (in Lake, aus dem Glas)
Salz
Chiliflocken
2 Eier (Größe M)

FÜR 2 PERSONEN
Zubereiten: 30 Min.

1 Das Baguette in 4 cm große Würfel schneiden. Den Bacon in grobe Stücke zupfen. Die Petersilie abbrausen, trocken schütteln und mitsamt Stängeln hacken. Die Pimientos waschen und trocken tupfen. Den Knoblauch schälen und in Scheiben schneiden. Die Sardinen abtropfen lassen.

2 In einer Pfanne 1 EL Öl erhitzen. Speck und Knoblauch darin in ca. 1 Min. knusprig braten und herausnehmen. Weitere 2 EL Öl in die nicht ausgewischte Pfanne geben und darin Brotwürfel, Pimientos und Paprikapulver bei mittlerer Hitze 5 Min. braten. Die Kapern untermischen, alles mit Salz und Chiliflocken würzen und warm halten.

3 In einer weiteren Pfanne 2 EL Öl erhitzen. Die Eier darin bei großer Hitze zu knusprigen Spiegeleiern braten, salzen und mit wenig Chiliflocken bestreuen. Speck und Knoblauch mit Sardinen und der Hälfte der Petersilie zugeben und durchmischen.

4 Die Brotmischung (Migas) auf zwei Tellern anrichten. Die Eier daraufsetzen und mit der restlichen Petersilie bestreuen.

Bratkartoffeln mit Käsetomaten

GEMÜSE IST JA ANGEBLICH SEHR GESUND. DESHALB SOLLTE ES REGELMÄSSIG AUF DEN TISCH KOMMEN. AM BESTEN MIT KÄSEHAUBE, DENN SO GANZ OHNE WAS ANZUZIEHEN VERKÜHLT ES SICH WOMÖGLICH NOCH.

2 mittelgroße Tomaten
(à ca. 120 g)
30 g durchwachsener Speck
am Stück
2 Knoblauchzehen
1 rote Zwiebel
10 g Kapern (in Lake,
aus dem Glas)
2 Zweige Rosmarin
500 g vorwiegend fest-
kochende oder festkochende
Kartoffeln
6 EL Öl zum Braten
2 EL Olivenöl
30 g Semmelbrösel
½ Kugel Mozzarella
(ca. 70 g)
Salz | schwarzer Pfeffer

AUSSERDEM
Backpapier für das Blech

FÜR 2 PERSONEN
Zubereiten: 40 Min.

1 Den Backofen auf 180° vorheizen und ein Blech mit Backpapier auslegen. Die Tomaten waschen und mit einem scharfen Messer waagerecht das obere Drittel als Deckel abschneiden. Die Tomaten mit einem Teelöffel aushöhlen, mit den Schnittflächen auf Küchenpapier legen und abtropfen lassen. Den Speck ohne Schwarte fein würfeln. Den Knoblauch schälen, eine Zehe hacken und die zweite in Scheiben schneiden. Die Zwiebel schälen und würfeln. Die Kapern hacken. Den Rosmarin abbrausen, trocken schütteln, die Nadeln abzupfen und fein hacken.

2 Die Kartoffeln schälen und gleichmäßig in ca. 4 mm dicke Scheiben hobeln oder schneiden. In einer großen beschichteten Pfanne das Brat-Olivenöl erhitzen. Die Kartoffeln darin unter gelegentlichem Wenden in 20 Min. goldbraun braten. Nach 10 Min. die Zwiebelwürfel zugeben, nach 15 Minuten die Hälfte des Rosmarins und die Knoblauchscheiben untermischen. Die Bratkartoffeln mit Salz und Pfeffer würzen.

3 Inzwischen das Olivenöl in einer zweiten Pfanne erhitzen und darin den gehackten Knoblauch und den Speck 1 Min. anbraten. Semmelbrösel, Kapern und restlichen Rosmarin untermischen und alles salzen und pfeffern. Die Tomaten auf das Blech setzen und die Mischung hineinfüllen. Den Mozzarella in Scheiben schneiden und auf die Füllung geben, die Tomatendeckel daraufsetzen. Die Tomaten im Backofen auf der 2. Schiene von unten 15 Min. garen und zu den Kartoffeln servieren.

ICH TRÄUME … VON EINEM TOLLEN SOMMER. MIT SONNE UND VIEL ZEIT FÜR DIE FREUNDE. UND VON WAS GUTEM ZUM REINBEISSEN. YUMMY!

Sloppy Joe mit Rührei

STIMMT SCHON: VERGLICHEN MIT EINEM ORDENTLICH GESTAPELTEN HAMBURGER IST DAS HIER EINE SCHÖNE SCHLAMPAMPE. TROTZDEM: LIEBER SCHLUDER-SEPP, DANKE FÜR DIESE ERFINDUNG!

3 Stängel Dill
2 Eier (Größe M)
1 EL Crème fraîche
Salz | schwarzer Pfeffer
½ Zwiebel
1 Knoblauchzehe
2 EL Öl zum Braten
120 g Rinderhackfleisch
1 EL Tomatenmark
1 EL Ketchup
3 EL mittelscharfer Senf
Tabascosauce
2 längliche Milchbrötchen
(ersatzweise Hot-Dog-
Brötchen)
1 EL Butter
2 EL eingelegte Gurken-
scheiben (aus dem Glas)
2 EL Röstzwiebeln

FÜR 2 PERSONEN
Zubereiten: 25 Min.

1 Den Dill abbrausen, trocken schütteln und die Dillspitzen grob hacken. Die Eier mit Crème fraîche sowie 2 TL gehacktem Dill verrühren, salzen und pfeffern und beiseitestellen.

2 Zwiebel und Knoblauch schälen. Die Zwiebel würfeln, den Knoblauch hacken. Das Öl in einer Pfanne erhitzen und die Zwiebelwürfel darin ca. 30 Sek. anschwitzen. Knoblauch und Hackfleisch zugeben und das Fleisch bei mittlerer Hitze in 5 Min. unter gelegentlichem Rühren krümelig braten. Tomatenmark, Ketchup, 1 EL Senf und 3 EL Wasser zugeben und alles 4 Min. köcheln lassen. Das Hackfleisch mit Salz, Pfeffer und Tabasco so pikant wie gewünscht würzen.

3 Inzwischen die Brötchen auf einem Toaster leicht erwärmen. In einer weiteren Pfanne die Butter zerlassen und darin aus der Eimasse bei mittlerer Hitze unter gelegentlichem Rühren ein weiches Rührei zubereiten. Die Brötchen tief ein-, aber nicht durchschneiden und mit den restlichen 2 EL Senf bestreichen. Die Brötchen mit Fleisch, Gurken und Röstzwiebeln füllen und auf Tellern anrichten. Das Rührei dazu servieren und mit dem übrigen Dill garnieren. Sofort servieren und genießen.

Bratenbrötchen mit Selleriesalat

MINI-BRATEN? LOHNT SICH NICHT. ABER ÜBRIGES FLEISCH IST TOLL IN SANDWICHES, FÜR DIE BENTO-BOX UND ZUM EINFACH-SO-NASCHEN.

**FÜR DEN SCHWEINE-
BRATEN**

1 kg Schweinebauch mit
Schwarte
1 TL getrockneter Thymian
1 TL getrockneter Majoran
2 TL abgeriebene Schale von
1 Bio-Zitrone
3 EL Olivenöl
2 Knoblauchzehen

FÜR DEN SELLERIESALAT

2 EL Crème fraîche
2 EL Mayonnaise (aus dem
Glas oder selbst gemacht,
siehe Tipp S. 58)
2 EL Zitronensaft
1 EL grober Dijonsenf
300 g Knollensellerie
200 g süß-säuerliche Äpfel

AUSSERDEM

1 ½ Baguettes
Salz | schwarzer Pfeffer

FÜR 6 PERSONEN

Zubereiten: 40 Min.
Garen: 1 Std.

1 Für den Schweinebraten das Fleisch trocken tupfen. Die Schweinebauchschwarte mit einem scharfen Messer oder Cutter parallel im Abstand von 5 mm einschneiden, ohne in das Fleisch zu schneiden. In einem breiten Topf ca. 3 cm hoch Wasser zum Kochen bringen. Den Schweinebauch mit der Schwarte nach unten hineinlegen und bei mittlerer Hitze 20 Min. köcheln lassen.

2 Inzwischen den Backofen auf 200° vorheizen. In einer kleinen Schüssel Thymian, Majoran, Zitronenschale, 1 TL Salz und Olivenöl mischen. Den Knoblauch schälen und dazupressen. Die Mischung mit Pfeffer würzen. Das Fleisch aus dem Topf nehmen, gut trocken tupfen und mit dem Würzöl einreiben.

3 Den Schweinebauch mit der Schwarte nach oben in eine Auflaufform oder einen Bräter geben und im Ofen (Mitte) 1 Std. garen. Nach 30 Min. auf 220° heraufschalten.

4 Inzwischen für den Selleriesalat die Crème fraîche mit Mayonnaise, Zitronensaft und Senf verrühren. Den Sellerie schälen, putzen und in streichholzdünne Streifen schneiden. Die Äpfel waschen, vierteln und ohne Kerngehäuse in feine Streifen schneiden. Apfel- und Selleriestreifen mit dem Dressing vermischen, salzen und pfeffern. Das Fleisch aus dem Ofen nehmen und abgedeckt 10 Min. ruhen lassen.

5 Inzwischen in der Restwärme des Ofens die Baguettes 5 Min. aufbacken. Das ganze Baguette vierteln, das halbe halbieren. Jedes der sechs Stücke waagerecht auf-, aber nicht komplett durchschneiden. Das Fleisch in dünne Scheiben schneiden und mit dem Salat in die Baguettes füllen.

Teriyaki-Huhn-Bällchen

BALLSPIEL MIT NUR EINER REGEL: WER PROBIERT, GEWINNT. UND FÜR DEN GESCHMACK DIESER HÄHNCHENHÄPPCHEN IN SÜSS-WÜRZIGER SAUCE WÜRDEN WIR AM LIEBSTEN EINE OLYMPIAMEDAILLE VERGEBEN.

FÜR DIE BÄLLCHEN
300 g Hähnchenbrustfilet
1 Knoblauchzehe
10 g frischer Ingwer
1 Eiweiß (Größe M)
2 EL Semmelbrösel

FÜR DIE SAUCE
10 g frischer Ingwer
1 Knoblauchzehe
1 TL Speisestärke
20 g Rohrohrzucker
50 ml Mirin (süßer Reis-
wein, Asienladen)
6 EL Sojasauce

AUSSERDEM
50 g Babyspinat
125 g Basmatireis
Salz
2 EL Öl zum Braten
½ Beet Shisokresse (ersatzweise Gartenkresse)

FÜR 2 PERSONEN
Zubereiten: 1 Std.
Kühlen: 30 Min.

1 Das Hähnchenfleisch trocken tupfen und ein Drittel davon grob würfeln. Knoblauch und Ingwer schälen und grob hacken. Das grob gewürfelte Fleisch mit Eiweiß, Ingwer und Knoblauch im Blitzhacker oder der Küchenmaschine mittelfein hacken. Das restliche Fleisch mit dem Messer sehr klein würfeln und gut mit den Semmelbröseln und der Fleischmasse vermischen. Die Masse salzen. Kirschgroße Bällchen daraus formen und abgedeckt im Kühlschrank 30 Min. kalt stellen.

2 Inzwischen für die Sauce Ingwer und Knoblauch schälen und zusammen fein hacken. Die Stärke mit Zucker, Mirin und Soja-sauce verrühren. Den Spinat putzen, waschen und trocken schütteln. Den Reis nach Packungsanweisung garen.

3 Das Öl in einer großen Pfanne erhitzen. Die Bällchen darin rundherum bei großer Hitze in ca. 5 Min. goldbraun braten. Die Knoblauch-Ingwer-Mischung für die Sauce zugeben und alles bei mittlerer Hitze 4–5 Min. weitergaren, bis die Bällchen durch-gegart sind. Die Mirin-Sojasaucen-Mischung zugießen, aufko-chen und 1 Min. köcheln lassen. Den Spinat unterrühren und kurz zusammenfallen lassen.

4 Die Kresse vom Beet schneiden, abbrausen und gut trocken tupfen. Den Reis auf Schalen verteilen und die Bällchen mit der Sauce darauf anrichten. Die Portionen mit der Kresse garnieren.

Steak mit Zitronenkräuterbutter

HAND HOCH, WER AB UND AN JIEPER AUF EIN STÜCK FLEISCH ZWISCHEN DEN ZÄHNEN KRIEGT! UND WENN SCHON, DANN RICHTIG. VOM WEIDERIND UND ORDENTLICH GEREIFT. DENN STEAK GUT, ALLES GUT.

2 T-Bone Steaks (à ca. 450 g)
je 2 Stängel Dill und glatte Petersilie
½ Bund Schnittlauch
½ Knoblauchzehe
125 g weiche Butter
1 TL abgeriebene Schale von 1 Bio-Zitrone
1 EL Zitronensaft
1 TL mittelscharfer Senf
Salz | schwarzer Pfeffer
grobes Meersalz
2 TL Rohrohrzucker
1 TL getrockneter Thymian
1 TL getrockneter Rosmarin
½ TL edelsüßes Paprika-pulver
2 EL Olivenöl

AUSSERDEM
Backpapier für das Blech

FÜR 2 PERSONEN
Zubereiten: 10 Min.
Ruhen: 15 Min.
Garen: 20 Min.

1 Die Steaks aus dem Kühlschrank nehmen. Die frischen Kräuter abbrausen und trocken tupfen. Den Knoblauch schälen und zusammen mit den Kräutern fein hacken. Die Butter mit den Quirlen des Handrührgeräts cremig-weiß aufschlagen. Kräuter, Knoblauch, Zitronenschale und -saft und Senf unterrühren. Die Zitronenkräuterbutter mit Salz und Pfeffer abschmecken, in ein Schälchen füllen und zur Seite stellen.

2 Den Backofen auf 180° vorheizen. Ein Backblech mit Backpapier auslegen. 1 TL grobes Meersalz mit 1 TL gemahlenem Pfeffer, Zucker, Thymian, Rosmarin und Paprikapulver in einen Mörser geben und fein zerreiben. Die Steaks gut trocken tupfen, gründlich mit der Gewürzmischung einreiben und 15 Min. bei Zimmertemperatur ruhen lassen.

3 Eine Grillpfanne erhitzen und mit dem Olivenöl auspinseln. Die Steaks darin bei großer Hitze von jeder Seite 2 Min. braten, auf das Backblech legen und im Ofen auf mittlerer Schiene in 8–10 Min. fertig garen. Die Steaks herausnehmen und abgedeckt 5 Min. ruhen lassen. Die fertigen Steaks mit der Kräuterbutter servieren. Dazu passt geröstetes Baguette.

Kräuterlachs mit Orangen-Hollandaise

FINGERLICKIN' GOOD, SAGEN DIE AMIS. ZU DIESER BUTTRIGEN SAUCE MIT ZITRUSKICK WÜRDEN WIR AM LIEBSTEN SAGEN: TELLERLICKIN' GOOD. HOFFENTLICH GUCKT NIEMAND HIN.

FÜR DEN FISCH
600 g Lachsfilet ohne Haut
je 2 Stängel Basilikum und
Koriandergrün
1 Frühlingszwiebel
1 Knoblauchzehe
2 EL Zitronensaft
1 EL Honig
2 EL Olivenöl

FÜR DIE HOLLANDAISE
2 Stängel Dill
125 g Butter
2 Eigelb (Größe M)
2 TL mittelscharfer Senf
1 EL Orangensaft
1 TL abgeriebene Schale von
1 Bio-Orange

AUSSERDEM
Backpapier für das Blech
Salz | schwarzer Pfeffer

FÜR 2 PERSONEN
Zubereiten: 40 Min.

1 Backofen auf 180° vorheizen und ein Blech mit Backpapier auslegen. Für den Fisch das Lachsfilet kalt abspülen, trocken tupfen und auf das Blech legen. Die Kräuter abbrausen, trocken tupfen und die Blättchen grob hacken. Die Frühlingszwiebel putzen, waschen und hacken. Den Knoblauch schälen und ebenfalls fein hacken. Die Kräuter mit Frühlingszwiebel, Knoblauch, Zitronensaft, Honig und Öl verrühren und die Mischung mit Salz und Pfeffer würzen. Den Lachs damit einpinseln und im Backofen auf der 2. Schiene von unten 15 Min. garen.

2 Inzwischen für die Sauce den Dill abbrausen, trocken tupfen und ohne dicke Stängel grob hacken. Die Butter in einem Topf zerlassen. Die Eigelbe mit Senf und 2 EL Wasser in einer Metallschüssel mit rundem Boden verrühren.

3 Ein heißes Wasserbad vorbereiten: Dazu in einem passenden Topf so viel Wasser erhitzen, dass es den Boden der daraufgesetzten Schüssel nicht berührt. Das Wasser nicht kochen lassen. Die Schüssel auf den Topf setzen und die Eimasse mit dem Schneebesen luftig dick aufschlagen. Die Butter erst tröpfchenweise, dann esslöffelweise zugeben und gut unterrühren. Die Sauce mit Orangensaft und -schale, Salz und Pfeffer würzen und über dem Wasserbad warm halten, bis der Lachs fertig ist.

Taleggio-Pizza mit Heidelbeeren

HUCH, DA HAT JEMAND HEIDELBEEREN AUF DER PIZZA VERLOREN! UND GLEICH NOCH MAL HUCH, WEIL: SCHMECKT GENIAL.

FÜR DEN TEIG
250 g Weizenmehl
(Type 550)
15 g frische Hefe
3 EL Olivenöl

FÜR DEN BELAG
2 Zweige Rosmarin
200 g Taleggio (italienischer Weichkäse)
100 g Parmesan am Stück
125 g Heidelbeeren
150 g Zucchini
4 EL Olivenöl
3 Scheiben Parmaschinken

AUSSERDEM
Salz | schwarzer Pfeffer
Mehl zum Verarbeiten
Backpapier für das Blech

FÜR 2 PERSONEN
Zubereiten: 25 Min.
Gehen: 1 Std.
Backen: 20 Min.

1 Für den Teig das Mehl mit ½ TL Salz mischen. Die Hefe zerbröckeln und in 150 ml lauwarmem Wasser auflösen. Die Hefemischung mit dem Öl zum Mehl geben und alles mit den Händen zu einem glatten Teig verkneten. Den Teig abgedeckt an einem warmen Ort 1 Std. gehen lassen.

2 Knapp 30 Min. vor dem Backen den Backofen auf 250° vorheizen, dabei das Backblech in den Ofen schieben.

3 Für den Belag den Rosmarin abbrausen, trocken schütteln und die Nadeln fein hacken. Den Taleggio in grobe Würfel schneiden. Parmesan fein reiben. Die Heidelbeeren waschen und trocken tupfen. Die Zucchini waschen und der Länge nach in dünne Streifen hobeln oder schneiden.

4 Den Teig auf der bemehlten Arbeitsfläche nochmals durchkneten und halbieren. Ein Teigstück dünn zu einem Oval (ca. 30 cm lang) ausrollen und auf einen Bogen Backpapier ziehen. Den Fladen mit 2 EL Öl beträufeln und jeweils die Hälfte Taleggio, Parmesan, Zucchini und Heidelbeeren darauf verteilen. Die Pizza mit Salz und Pfeffer würzen und mit der Hälfte des Rosmarins bestreuen, dann auf das heiße Backblech ziehen und auf unterster Schiene in 10 Min. goldbraun backen.

5 Inzwischen die zweite Pizza wie beschrieben vorbereiten und backen, sobald die erste fertig ist. Den Parmaschinken grob zupfen und vor dem Servieren auf den Pizzen verteilen.

Zitronen-Carbonara

DIE EINE KÜCHENFRAKTION SO: »ALLES WIRD BESSER, WENN MAN SPECK DRANTUT.« DIE ANDERE: »ALLES SCHMECKT BESSER MIT ZITRONE.« MANCHMAL IST ES SO EINFACH, ALLE GLÜCKLICH ZU MACHEN!

50 g durchwachsener Speck
am Stück
je 2 Stängel Basilikum und
glatte Petersilie
1 Bio-Zitrone
30 g Parmesan am Stück
200 g Spaghetti
Salz
1 EL Butter
50 g Sahne
1 sehr frisches Eigelb
(Größe M)
1 sehr frisches Ei (Größe M)
schwarzer Pfeffer

FÜR 2 PERSONEN
Zubereiten: 25 Min.

1 Den Speck ohne Schwarte in feine Streifen schneiden. Basilikum und Petersilie abbrausen, trocken schütteln und die Blätter grob zupfen. Die Zitrone heiß waschen, mit Küchenpapier abtrocknen und halbieren. Aus der einen Hälfte den Saft auspressen, von der anderen ca. 6 sehr dünne Scheiben abschneiden oder -hobeln. Den Parmesan grob reiben.

2 In einem großen Topf die Spaghetti in reichlich Salzwasser nach Packungsangabe bissfest kochen.

3 Inzwischen die Butter in einer kleinen Pfanne zerlassen und den Speck darin bei mittlerer Hitze knusprig braten. Die Hälfte der Kräuter zugeben und ca. 20 Sek. mitbraten. Die Speckmischung auf einen Teller geben und abgedeckt zur Seite stellen. In der Pfanne die Sahne aufkochen lassen. Zwei Drittel des Parmesans, Eigelb und Ei in einer kleinen Schüssel mit dem Zitronensaft verrühren. Unter Rühren die heiße Sahne zugießen und die Mischung leicht salzen und pfeffern.

4 Die Nudeln in ein Sieb abgießen, abtropfen lassen und sofort zurück in den Topf geben. Eiersahne, Speck und gebratene Kräuter gut untermischen. Die Pasta auf zwei Teller verteilen. Die Zitronenscheiben darauf anrichten. Das Gericht mit dem restlichen Parmesan und den übrigen Kräutern bestreut servieren.

Pasta mit Hackbällchen

IN DEN USA STEHEN SIE SO SEHR AUF MEATBALL SPAGHETTI, DASS ES DIE SOGAR IN DOSEN GIBT. KEIN WUNDER: DIE KOMBI IST EINFACH GÖTTLICH UND IN DIESER VERSION 1000-MAL BESSER ALS DIE KONSERVE.

1 Ei (Größe M)
350 g gemischtes Hack-
fleisch (Schwein / Rind)
40 g Ricotta
1 TL getrockneter Thymian
2 Knoblauchzehen
Salz | schwarzer Pfeffer
2 EL Olivenöl
400 g geschälte Tomaten
(aus der Dose)
2 EL Kapern (in Lake,
aus dem Glas)
¼ TL Chiliflocken
1 TL Rohrohrzucker
200 g lange Makkaroni oder
Tagliatelle
6 Salbeiblätter
20 g Butter
20 g frisch geriebener
Parmesan

FÜR 2 PERSONEN
Zubereiten: 35 Min.

1 Ei, Hackfleisch, Ricotta und Thymian in eine Schüssel geben. Den Knoblauch schälen und 1 Zehe dazupressen. Die Hackfleischmasse mit Salz und Pfeffer würzen und mit feuchten Händen zu kirschgroßen Bällchen formen.

2 Inzwischen in einer großen Pfanne das Öl erhitzen. Die Bällchen darin bei mittlerer Hitze rundherum 5 Min. braten. Den restlichen Knoblauch in Scheiben schneiden und 1 Min. mitbraten. Tomaten, Kapern, Chiliflocken und Zucker zu den Hackbällchen geben, alles aufkochen und zugedeckt 10 Min. bei kleiner Hitze leise köcheln lassen.

3 Gleichzeitig in einem großen Topf die Nudeln nach Packungsangabe in reichlich Salzwasser bissfest kochen.

4 Den Salbei abbrausen, trocken tupfen und in einer kleinen Pfanne in der Butter knusprig braten. Die Nudeln in ein Sieb abgießen, abtropfen lassen und auf zwei Tellern anrichten. Die Sauce salzen und pfeffern und auf der Pasta anrichten. Die Salbeibutter darübergeben und den Parmesan dazu servieren.

Käse-Kartoffelpüree mit Nussbutter

EXTRA FÜR ALLE, DIE DAFÜR SCHON FRÜHER AM LIEBSTEN FLEISCH UND GEMÜSE LIEGEN GELASSEN HÄTTEN: KARTOFFELPÜ GIBT'S JETZT IN DER HAUPTGERICHT-EDITION! ALLES ANDERE IST BEILAGE.

2 Knoblauchzehen
500 g mehligkochende Kartoffeln
Salz
¼ Bund glatte Petersilie
3 EL Pinienkerne
2 getrocknete Feigen
100 g Brie oder Camembert
100 g Crème fraîche
100 g weiche Butter
5 EL Vollmilch
schwarzer Pfeffer

FÜR 2 PERSONEN
Zubereiten: 30 Min.

1 Die Knoblauchzehen andrücken, sodass die Schale aufplatzt. Die Kartoffeln schälen, vierteln und mit den Knoblauchzehen knapp mit Salzwasser bedeckt in ca. 20 Min. weich kochen.

2 Inzwischen die Petersilie abbrausen, trocken schütteln und die Blätter fein hacken. Die Pinienkerne in einer Pfanne ohne Fett rösten und herausnehmen. Die Feigen fein würfeln, dabei den harten Stiel entfernen. Die weiße Käserinde möglichst dünn abschneiden und den Käse in kleine Würfel schneiden.

3 Die Kartoffeln in ein Sieb abgießen und den Knoblauch entfernen. Die Crème fraîche mit der Hälfte der Butter und der Milch in den Topf geben und diesen zurück auf die ausgeschaltete Herdplatte setzen. Die Kartoffeln durch eine Kartoffelpresse dazupressen und das Püree mit einem Holzkochlöffel glatt rühren. Den Käse zugeben und kräftig weiterrühren, bis der Käse geschmolzen ist und das Püree eine zähe Konsistenz hat. Mit Salz und Pfeffer abschmecken und zugedeckt warm halten.

4 Die übrigen 50 g Butter in einer kleinen Pfanne zerlassen und leicht bräunen. Petersilie, Feigen und Pinienkerne darin schwenken. Die Mischung leicht salzen und über das Püree geben.

Platt-wie-ne-Flunder-Kartoffeln

KEINE AHNUNG, OB GERADE BANANEN ANDERS SCHMECKEN ALS KRUMME UND OB ECKIGE KNÖDEL DER RENNER WÄREN. PLATTE KARTOFFELN JEDENFALLS SIND EINE GANZ EIGENE KATEGORIE. WEIL: MEHR KNUSPER.

600 g mittelgroße vor-
wiegend festkochende
Kartoffeln
Salz
1 Kugel Mozzarella (125 g)
30 g Parmesan am Stück
30 g entsteinte schwarze
Oliven
4 getrocknete Tomaten in Öl
schwarzer Pfeffer
4 EL Basilikumpesto (aus
dem Glas)

AUSSERDEM
Backpapier für das Blech

FÜR 2 PERSONEN
Zubereiten: 30 Min.
Überbacken: 10 Min.

1 Die Kartoffeln unter fließendem kalten Wasser gründlich waschen und abbürsten, dann in einem großen Topf knapp mit Salzwasser bedeckt in ca. 20 Min. weich kochen.

2 Inzwischen den Backofen auf 200° vorheizen und ein Blech mit Backpapier auslegen. Den Mozzarella abtropfen lassen und fein würfeln. Den Parmesan reiben. Die Oliven hacken. Die To-maten abtropfen lassen und in feine Streifen schneiden.

3 Die fertigen Kartoffeln abgießen und im Topf kurz auf der Herdplatte ausdämpfen lassen. Die Kartoffeln auf das Blech le-gen und mit einem Fleischklopfer oder einem Topfboden flach drücken. Die platten Kartoffeln salzen und pfeffern, das Pesto darauf verteilen und erst die Oliven und Tomaten, dann den Mozzarella und zum Schluss den Parmesan darüberstreuen.

4 Die platten Kartoffeln im heißen Backofen auf mittlerer Schiene 10 Min. backen und sofort servieren.

Herzhafter Porridge mit Schweinebauch

NEE, NEE, DAS IST KEIN FRÜHSTÜCK. OBWOHL ES JA LEUTE GEBEN SOLL, DIE SCHON MORGENS GERN HERZHAFTES LÖFFELN. FÜR ALLE ANDEREN: PORRIDGE GEHT AUCH ABENDS. EHRENWORT!

400 g Schweinebauch
ohne Schwarte
1 Knoblauchzehe
2 EL Sojasauce
1 EL Worcestershiresauce
1 EL Ketchup
1 EL Honig
1 EL Zitronensaft
30 g Cheddar
½ Bund glatte Petersilie
3 EL Olivenöl
Salz | schwarzer Pfeffer
5 EL Weißweinessig
2 sehr frische Eier
(Größe M)
500 ml Hühnerbrühe
100 g kernige Haferflocken

AUSSERDEM
Backpapier für das Blech

FÜR 2 PERSONEN
Zubereiten: 50 Min.
Marinieren: 30 Min.

1 Das Fleisch trocken tupfen, quer halbieren und in 1 cm dicke Scheiben schneiden. Den Knoblauch schälen, durchpressen und mit Soja- und Worcestershiresauce, Ketchup, Honig und Zitronensaft verrühren. Das Fleisch rundum mit Marinade einpinseln und mind. 30 Min. im Kühlschrank durchziehen lassen. Inzwischen den Käse reiben. Die Petersilie abbrausen und trocken schütteln. Die Blättchen abzupfen, gründlich trocken tupfen und mit dem Olivenöl mischen.

2 Den Backofengrill auf höchster Stufe vorheizen. Das Fleisch salzen, pfeffern und auf einem Blech mit Backpapier verteilen. Den Schweinebauch im heißen Ofen (oben) in 10–15 Min. knusprig garen, dabei einmal wenden und gut im Auge behalten. Die Petersilie ca. 1 Min. vor Garzeitende zugeben und mitgaren.

3 Während das Fleisch gart, 1,5 l Wasser und Essig aufkochen. Die Eier in je eine Tasse aufschlagen. Den Topf vom Herd nehmen und das Wasser mit einem Kochlöffel umrühren, sodass ein Strudel entsteht. Die Eier in diesen Strudel gleiten lassen und das Eiweiß mit dem Löffel zügig um das Eigelb ziehen. Den Topf zurück auf den Herd setzen. Die Eier 4–5 Min. pochieren, herausnehmen und abtropfen lassen. Die Eier abgedeckt warm halten.

4 Die Brühe in einem Topf aufkochen und die Haferflocken zugeben. Unter ständigem Rühren bei mittlerer Hitze in ca. 10 Min. einen zähen Brei kochen. Den Cheddar unterrühren. Den Porridge mit Salz und Pfeffer abschmecken, auf zwei Schalen verteilen und Fleisch sowie Ei mit Petersilie darauf anrichten.

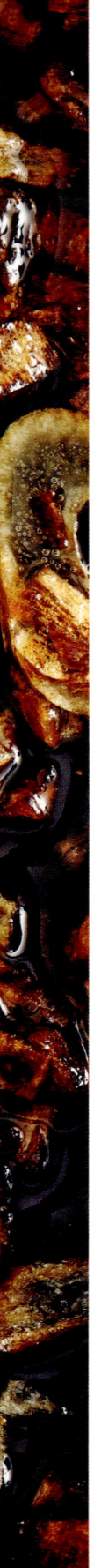

Schweinefilet mit Backpflaumen

HURRA, SONNTAG! ZUMINDEST AUF DEM TELLER. DENN DIESE SAUGUTE SCHWEINEREI SORGT AUCH MITTEN IN EINER WOCHE VOLLER ÜBERSTUNDEN FÜR WOCHENENDFEELING.

2 Trockenpflaumen
je 4 Zweige Rosmarin und Thymian
je 4 Stängel Petersilie und Basilikum
1 TL abgeriebene Schale von 1 Bio-Zitrone
500 g Schweinefilet
Salz | schwarzer Pfeffer
2 EL mittelscharfer Senf
80 g dünn geschnittener Prosciutto (ersatzweise Bacon)
2 EL Öl zum Braten
1 Schalotte
1 Knoblauchzehe
50 ml Weißwein
100 ml Geflügelbrühe
100 g Crème double

AUSSERDEM
Backpapier für das Blech

FÜR 2 PERSONEN
Zubereiten: 50 Min.

1 Den Backofen auf 180° vorheizen. Ein Backblech mit Backpapier auslegen. Die Trockenpflaumen vierteln. Die Kräuter abbrausen und trocken tupfen, Nadeln bzw. Blätter abstreifen und fein hacken. Die Kräuter mit der Zitronenschale mischen.

2 Das Fleisch trocken tupfen und der Länge nach ein-, aber nicht durchschneiden. Das Filet innen und außen salzen, pfeffern und dünn mit Senf bestreichen, dann in den Kräutern wälzen. Die restlichen Kräuter mit den Pflaumen gleichmäßig in den Einschnitt füllen und das Fleisch darüber zusammendrücken. Die Prosciutto-Scheiben nebeneinander um das Filet wickeln, sodass die Enden unter dem Fleisch liegen.

3 Das Öl in einer großen Pfanne erhitzen und das Fleisch darin bei mittlerer bis großer Hitze rundherum in ca. 6 Min. goldbraun anbraten. Das Filet auf das Backblech legen und im Backofen auf der 2. Schiene von unten in 25 Min. fertig garen. Die Pfanne nicht auswischen.

4 Schalotte und Knoblauch schälen, die Schalotte fein würfeln und den Knoblauch in Scheiben schneiden. Schalotten und Knoblauch in der Fleischpfanne 30 Sek. anbraten. Den Wein angießen und vollständig einkochen lassen. Die Brühe zugeben und auf die Hälfte einkochen lassen. Die Crème double unterrühren und die Sauce salzen und pfeffern.

5 Das Fleisch aus dem Ofen nehmen und abgedeckt 5 Min. ruhen lassen. Die Sauce nochmals aufkochen. Das Fleisch aufschneiden und mit der Sauce servieren. Dazu passt Weißbrot.

Extrafette Speckfrikadellen

DIE STEIGERUNG VON FLEISCHKLOPS? FRIKADELLERER VIELLEICHT. ODER BULETTOPTIMUM. WOMÖGLICH AUCH SUPERLPFLANZERL. ODER: MIT SPECK UND KÄSE ÜBERBACKEN. DENN DAS IST NICHT WEITER STEIGERBAR.

1 Schalotte
1 Knoblauchzehe
½ Bund Frühlingszwiebeln
250 g gemischtes Hack-
fleisch (Schwein / Rind)
1 Ei (Größe M)
1 EL mittelscharfer Senf
Salz | schwarzer Pfeffer
6 Mini-Mozzarella-Kugeln
8 Scheiben Frühstücksspeck
(Bacon)
2 EL Öl zum Braten

AUSSERDEM
Backpapier für das Blech
Senf und Toast oder Weiß-
brot (siehe S. 14) zum Servieren

FÜR 2 PERSONEN
Zubereiten: 15 Min.
Kühlen: 15 Min.
Backen: 12 Min.

1 Schalotte und Knoblauch schälen. Die Schalotte fein würfeln. 1 Frühlingszwiebel putzen, waschen und hacken. Schalotte und Frühlingszwiebel mit Hackfleisch, Ei und Senf in einer Schüssel verrühren. Den Knoblauch dazupressen und untermischen. Die Masse mit Salz und Pfeffer würzen.

2 Die Hackmasse vierteln. In jedes Viertel 1 Mozzarellakugel drücken, das Hack darüber verschließen und runde Frikadellen formen. Die Bällchen abgedeckt für ca. 15 Min. kalt stellen.

3 Inzwischen den Backofen auf 200° vorheizen und ein Blech mit Backpapier belegen. Die restlichen Frühlingszwiebeln putzen, waschen, trocken tupfen und in drei gleich lange Teile schneiden. Die 2 restlichen Mozzarellakugeln halbieren.

4 Die Frikadellen aus dem Kühlschrank nehmen und um jede über Kreuz 2 Speckscheiben wickeln. Das Öl in einer Pfanne erhitzen und die Frikadellen mit den Speckenden nach unten hineinlegen. Die Frikadellen von jeder Seite 2 Min. anbraten.

5 Die angebratenen Frikadellen auf das Backblech legen. Auf jede 1 Mozzarellahälfte legen. Die Frühlingszwiebeln wenige Sek. im Bratfett schwenken und zu den Frikadellen geben. Alles im heißen Ofen auf mittlerer Schiene 12 Min. garen.

Überbackene Bohnenpfanne

RUNTER VOM SATTEL UND RAN AN DEN SPECK: DAS HIER IST FEINSTES LAGERFEUERSOULFOOD. NUR OHNE LAGERFEUER. ABER MIT KNUSPERKRUSTE. JA, SEI RUHIG NEIDISCH, COWBOY!

1 Knoblauchzehe
1 Zwiebel
1 EL Butterschmalz
250 g Rinderhackfleisch
1 kleine Dose Cannelli-ni-Bohnen (400 g; ersatz-weise weiße Bohnen)
400 g stückige Tomaten (aus der Packung)
2 TL getrockneter Oregano
½ TL geräuchertes Paprika-pulver (Pimentón de la Vera; spanisches Spezialitätenge-schäft oder gut sortierter Supermarkt; ersatzweise edelsüßes Paprikapulver)
3 EL Ketchup
20 g Parmesan am Stück
30 g Ziegengouda (ersatzweise Gouda)
Salz | schwarzer Pfeffer
5 Scheiben Frühstücksspeck (Bacon)

AUSSERDEM
1 große ofenfeste Bratpfanne (ersatzweise runde Auflauf-form, ca. 22 cm ⌀)

FÜR 2 PERSONEN
Zubereiten: 35 Min.

1 Knoblauch und Zwiebel schälen. Den Knoblauch hacken, die Zwiebel würfeln. Das Butterschmalz in einer ofenfesten Pfanne erhitzen und Zwiebeln und Knoblauch darin 30 Sek. anbraten. Das Hackfleisch zugeben und bei mittlerer Hitze unter Rühren in 5 Min. krümelig braten.

2 Inzwischen den Backofen auf 200° vorheizen. Die Bohnen in einem Sieb abtropfen lassen und mit Tomaten, Oregano, Papri-kapulver, Ketchup und 150 ml Wasser zum Fleisch geben. Alles aufkochen und bei mittlerer Hitze zugedeckt 10 Min. köcheln.

3 Inzwischen den Parmesan fein und den Gouda grob reiben. Die Bohnen mit Salz und Pfeffer würzen und die Speckscheiben darauflegen. Den Käse darüberstreuen. Die Bohnen in der Pfan-ne im heißen Backofen auf mittlerer Schiene ca. 10 Min. über-backen, bis der Käse zerlaufen und goldbraun ist.

Kartoffelkrapfen mit Avocado-Mayo

NÖ, SOLCHE WUNDERBAR FEISTEN KNABBERBOLLEN MUSS MAN NICHT DEN FRITTEUSEPROFIS AN JAHRMARKTBUDEN ÜBERLASSEN. DIE GEHEN AUCH ZU HAUSE. DIE MAYO IST DA AUCH VIEL BESSER.

FÜR DIE KRAPFEN
400 g mehligkochende Kartoffeln
30 g Butter
50 g Weizenmehl
1 Ei (Größe M)
50 g durchwachsener Speck am Stück
1 EL Olivenöl
1 Frühlingszwiebel
20 g frisch geriebener Parmesan

FÜR DIE AVOCADO-MAYO
1 reife Avocado
½ Knoblauchzehe
2 EL Zitronensaft
2 EL Mayonnaise (aus dem Glas oder selbst gemacht, siehe Tipp S. 58)

AUSSERDEM
1 l Öl zum Frittieren
Salz | schwarzer Pfeffer

FÜR 12 STÜCK
Zubereiten: 1 Std.

1 Die Kartoffeln schälen, vierteln und knapp mit Salzwasser bedeckt in ca. 20 Min. weich garen. Inzwischen die Butter würfeln und in einem zweiten kleinen Topf mit 100 ml Wasser und ½ TL Salz aufkochen. Sobald sie geschmolzen ist, das Mehl auf einmal zugeben und die Masse kräftig mit einem Kochlöffel rühren, bis sich der Teig zu einem Kloß zusammenballt. Den Topf vom Herd nehmen und den Teig etwas abkühlen lassen. Jetzt das Ei kräftig unter den Teig rühren.

2 Den Speck ohne Schwarte fein würfeln und im Olivenöl bei mittlerer Hitze knusprig braten. Die Frühlingszwiebel putzen, waschen und fein hacken. Die Kartoffeln in ein Sieb abgießen, kurz ausdämpfen lassen, heiß durch die Kartoffelpresse drücken und zusammen mit Speck, Frühlingszwiebel und dem Parmesan unter den Teig rühren. Alles salzen und pfeffern.

3 Für die Avocado-Mayo die Avocado halbieren, den Stein entfernen und das Fruchtfleisch mit einem Löffel aus der Schale lösen. Den Knoblauch schälen und mit Avocado, Zitronensaft und Mayonnaise fein pürieren, salzen und pfeffern.

4 Das Frittieröl auf 175° erhitzen. Die Temperatur ist erreicht, sobald an einem Kochlöffelstiel sofort viele Bläschen aufsteigen. Einen Esslöffel kurz ins heiße Fett tauchen, ein walnussgroßes Stück Kartoffelmasse abstechen und dicht über der Oberfläche mit dem Daumen ins Öl schieben. So zügig acht Krapfen formen und in 4–5 Min. goldbraun ausbacken, dabei einmal wenden. Die fertigen Krapfen mit einer Schaumkelle herausheben und auf Küchenpapier abtropfen lassen. Den restlichen Teig portionsweise verbrauchen. Die Krapfen sofort mit Mayo servieren.

MEINE PERSÖNLICHE VERSION VON »ICH BIN DANN MAL WEG«: ICH KNUSPER MIR DANN MAL EINEN. WENIGER AUFWAND, MEHR SPASS.

Dandan Noodles

*STREETFOOD VON DER STANGE: WEIL VERKÄUFER IN CHINA DIE
NUDELSUPPENTÖPFE FRÜHER AN BAMBUSSTANGEN (DAN DAN) TRUGEN,
WURDE AUCH DER SCHARFE INHALT UNTER DIESEM NAMEN BEKANNT.*

2 Frühlingszwiebeln
2 Knoblauchzehen
20 g frischer Ingwer
½ Bund Koriandergrün
2 EL Schweine- oder
Butterschmalz
400 ml Hühnerbrühe
2 EL helle Sojasauce
1 EL dunkle Sojasauce
150 g Schweinehackfleisch
1 TL 5-Gewürz-Pulver
(5-Spices-Gewürz; Asien-
laden oder gut sortierter
Supermarkt)
1 TL Chili-Knoblauch-Paste
(Asienladen oder gut
sortierter Supermarkt)
150 g chinesische Eier-
nudeln (Mie-Nudeln)
Salz
dunkles Sesamöl zum
Würzen

FÜR 2 PERSONEN
Zubereiten: 30 Min.

1 Die Frühlingszwiebeln putzen, waschen und in feine Ringe
schneiden. Knoblauch und Ingwer schälen und zusammen fein
hacken. Den Koriander abbrausen, gründlich trocken schütteln
und die Blättchen abzupfen.

2 1 EL Schmalz in einem Topf zerlassen. Die Hälfte der Knoblauch-Ingwer-Mischung darin 30 Sek. anbraten. Die Brühe zugießen, aufkochen und 5 Min. köcheln lassen. Die Brühe mit
1 EL heller Sojasauce und ½ EL dunkler Sojasauce würzen.

3 Inzwischen in einem Wok oder einer Pfanne den restlichen
EL Schmalz zerlassen und das Hackfleisch darin bei großer Hitze
in 3 Min. unter ständigem Rühren krümelig braten.

4 Dann das 5-Gewürz-Pulver, die Chili-Knoblauch-Paste, die
Hälfte der Frühlingszwiebeln und die restliche Knoblauch-Ingwer-Mischung zugeben und alles in 2 Min. unter gelegentlichem
Rühren knusprig braten. Das Hackfleisch mit dem übrigen EL
heller und dem übrigen ½ EL dunkler Sojasauce würzen.

5 Inzwischen die Nudeln nach Packungsanweisung in reichlich
Salzwasser garen, in ein Sieb abgießen und gut abtropfen lassen.
Die Nudeln mit dem Koriander auf zwei Suppenschalen verteilen. Die Brühe mit einigen Tropfen Sesamöl würzen und darübergießen. Das Hackfleisch und die restlichen Frühlingszwiebeln
darauf anrichten. Sofort servieren und genießen.

Pulled Chicken in BBQ-Sauce

DASS EIN ZERRUPFTES HUHN MAL KULINARISCHE KARRIERE MACHEN WÜRDE! DAS LÄSST DOCH FÜR DIE EIGENEN UNPERFEKTHEITEN HOFFEN. VIELLEICHT MÜSSEN WIR NUR DAS RICHTIGE REZEPT DAFÜR FINDEN?

FÜR DAS HÄHNCHEN

2 Hähnchenbrustfilets
(à ca. 200 g)
2 Knoblauchzehen
½ Zwiebel | 2 EL Öl
½ EL geräuchertes Paprikapulver (Pimentón de la Vera;
spanisches Spezialitätenge-
schäft; ersatzweise edelsüßes
Paprikapulver)
1 TL Currypulver
100 g Ketchup
100 ml Worcestershiresauce
50 ml Sojasauce
1 EL mittelscharfer Senf

FÜR DIE POLENTA

50 g Parmesan am Stück
350 ml Vollmilch
50 g Instant-Polenta
20 g Butter

AUSSERDEM

Salz | schwarzer Pfeffer
Tabascosauce
4 EL Röstzwiebeln

FÜR 2 PERSONEN

Zubereiten: 20 Min.
Garen: 45 Min.

1 Für das Pulled Chicken die Hähnchenbrustfilets trocken tupfen. Knoblauch und Zwiebel schälen. Den Knoblauch in Scheiben schneiden, die Zwiebel würfeln. Das Öl in einer Pfanne erhitzen, das Fleisch darin bei großer Hitze von jeder Seite 2 Min. braten und herausnehmen.

2 Die Hitze herunterschalten. Zwiebeln und Knoblauch in der Pfanne 30 Sek. bei mittlerer Hitze braten, dann Gewürze, Ketchup, Worcestershire- und Sojasauce, Senf und 100 ml Wasser zugeben. Alles aufkochen lassen, das Fleisch wieder zurück in die Pfanne geben und alles zugedeckt bei kleiner Hitze 15 Min. köcheln lassen, dabei gelegentlich umrühren.

3 Das Fleisch wenden und ohne Deckel weitere 10 Min. garen, sodass die Sauce dicklich einkocht. Die Pfanne vom Herd ziehen und das Fleisch weitere 20 Min. ziehen lassen.

4 Inzwischen für die Polenta den Parmesan reiben. Die Milch aufkochen und die Polenta einrühren. Alles aufkochen und unter gelegentlichem Rühren bei kleiner Hitze 10 Min. köcheln lassen, danach den Herd ausschalten und die Polenta zugedeckt 5 Min. quellen lassen. Käse und Butter unterrühren und die Polenta mit Salz und Pfeffer abschmecken.

5 Das Fleisch klein zupfen, wieder mit der Sauce vermischen und nochmals aufkochen lassen. Das Pulled Chicken nach Belieben mit Salz und Tabasco abschmecken und mit der Käse-Polenta und den Röstzwiebeln servieren.

Schoko-Herrencreme mit Amarenakirschen

NUR FÜR HERREN?! VOLL UNFAIR! – ACH, KOMM, SEI NICHT SO. ICH GEB DIR AUCH NE AMARENAKIRSCHE AB. – HAHA, WITZIG. ICH TAUFE DAS JETZT IN FÜR-ALLE-CREME UM. MMMH … – HE, MOMENT MAL!

2 Eigelb (Größe M)
2 EL Speisestärke
250 ml Vollmilch
½ Vanilleschote
40 g Zucker
1 Prise Salz
100 g Zartbitterschokolade
150 g Sahne
2 EL Rum
10 Amarenakirschen (aus dem Glas)

FÜR 2 PERSONEN
Zubereiten: 20 Min.
Kühlen: 30 Min.

1 Die Eigelbe mit Speisestärke und 2 EL Milch gut verrühren. Die Vanilleschote längs aufschlitzen und das Mark mit einem Messer herauskratzen. Vanillemark und -schote mit restlicher Milch, Zucker und Salz aufkochen.

2 Von der heißen Milch 4 EL abnehmen und in die Eigelbmischung einrühren, dann diese in den Milchtopf geben. Alles aufkochen und 30 Sek. köcheln lassen, dabei ständig rühren. Den Pudding in eine Glasschüssel füllen und direkt auf die Oberfläche Frischhaltefolie legen. Die Glasschüssel in eine Schüssel mit Eiswasser setzen und darin auf Zimmertemperatur abkühlen lassen (das dauert ca. 30 Min.).

3 Inzwischen mit einem scharfen Messer von der Schokolade ca. 2 EL Späne abschaben. Die restliche Schokolade grob hacken. Die Sahne steif schlagen und kalt stellen.

4 Die gehackte Schokolade mit dem Rum unter den Pudding rühren. Zwei Drittel der Sahne unterheben. Die Creme mit restlicher Sahne, Schokospänen und den Kirschen servieren.

Tiramisu mit Granatapfel und weißer Schokolade

EIGENTLICH WAR ES JA EIN GRANATAPFEL, MIT DEM EVA DAMALS ADAM RUMKRIEGTE. DAS MIT DER VERFÜHRERISCHEN FRUCHT KÖNNEN WIR JEDENFALLS BESTÄTIGEN. UND DIESES TIRAMISU IST EINE SÜNDE WERT!

½ Vanilleschote
100 g weiße Schokolade
300 g Mascarpone
2 EL Zitronensaft
40 g Zucker
120 g Sahne
100 g Löffelbiskuits
4 EL Kokoslikör (ersatzweise Orangenlikör oder -saft)
8 EL Granatapfelsirup (türkisches Lebensmittelgeschäft)
½ Granatapfel

AUSSERDEM
1 rechteckige Auflaufform mit ca. 600 ml Inhalt

FÜR 2 PERSONEN
Zubereiten: 35 Min.
Kühlen: 3 Std.

1 Die Vanilleschote längs aufschlitzen und das Mark mit einem Messer herauskratzen. Mit einem scharfen Messer von der Schokolade ca. 2 EL Späne abschaben, die restliche Schokolade grob hacken. Die gehackte Schokolade mit Mascarpone, Vanillemark, Zitronensaft und Zucker verrühren. Die Sahne steif schlagen und unter die Mascarponecreme heben.

2 Den Boden der Auflaufform mit Löffelbiskuits auslegen. Den Likör mit 5 EL Granatapfelsirup verrühren und die Hälfte davon über die Biskuits träufeln. Die Hälfte der Creme daraufstreichen. Die restlichen Löffelbiskuits darauflegen, mit der restlichen Likörmischung beträufeln und mit der restlichen Creme bedecken. Das Tiramisu abgedeckt mind. 3 Std. kalt stellen.

3 Zum Servieren die Granatapfelkerne zwischen den Trennhäuten herauslösen und mit den restlichen 3 EL Granatapfelsirup auf dem Tiramisu verteilen. Die Süßspeise zum Schluss mit den Schokoladenspänen garnieren.

Schokoladen-Risotto mit Karamellsauce

WER IMMER RÜHREND SICH BEMÜHT, DEN KÖNNEN WIR ERLÖSEN. SO HIESS DAS DOCH, ODER? DIESES SÜSSE RISOTTO HAT JEDENFALLS DEFINITIV WAS ERLÖSENDES: ES BEFREIT VON SORGEN UND SEELISCHEM ZIEPEN!

30 g Butter
60 g Zucker
100 g Sahne
2 EL Orangensaft
Salz
500 ml Vollmilch
125 g Risottoreis
50 g Zartbitterschokolade
2 EL Waldbeerkonfitüre
(oder nach Belieben eine
andere Sorte)

FÜR 2 PERSONEN
Zubereiten: 45 Min.

1 Für die Karamellsauce die Butter in kleine Würfel schneiden. Den Zucker gleichmäßig in einem breiten Topf verteilen und bei mittlerer Hitze ohne umzurühren erhitzen, bis er flüssig und goldbraun wird. Dann sofort 20 g Butter einrühren. 4 EL Sahne und Orangensaft zugeben und alles unter Rühren köcheln lassen, bis sich die Zuckerklümpchen aufgelöst haben. 1 Prise Salz unterrühren und die Karamellsauce abkühlen lassen. Die restliche Sahne steif schlagen und kalt stellen.

2 Die Milch mit 1 Prise Salz aufkochen. Dann den Risottoreis einrühren und unter gelegentlichem Rühren bei kleiner Hitze 20–25 Min. garen, bis er weich ist, aber noch Biss hat. In dieser Zeit die Schokolade fein hacken, mit den übrigen 10 g Butter unter den Reis rühren und darin schmelzen.

3 Das Risotto in Schalen füllen und die Schlagsahne unterrühren. Mit Karamellsauce und Konfitüre servieren.

MMH … DER STRESS LÄSST NACH, RUHE BREITET SICH AUS, ICH FÜHL MICH SCHON GANZ ENTSPANNT. BESSER ALS YOGA.

Brownie-Eisecken

YOU SCREAM FOR ICECREAM? DANKE, ICH HAB SCHON. NÄMLICH EIN EISSANDWICH, DAS SEINEN NAMEN VERDIENT: ÜPPIGST SCHOKOLADIGER BROWNIE STATT LAPPIGER WAFFEL, FEISTES EIS UND KARAMELLSAUCE!

120 g Butter
250 g Zartbitterschokolade
100 g geröstete
gesalzene Macadamia-
nusskerne
160 g Weizenmehl
(Type 405)
20 g Kakaopulver
200 g Rohrohrzucker
3 Eier (Größe M)
100 g Puderzucker
2 EL Vollmilch
700 ml Vanille-Erd-
beer-Eiscreme (oder nach
Belieben eine andere Sorte)
4 EL Karamellsauce (Fertigprodukt oder Rezept S. 140)

AUSSERDEM
1 rechteckige Backform
(ca. 20 × 20 cm)
Backpapier für die Back-
form

FÜR 4 GROSSE STÜCKE
Zubereiten: 20 Min.
Backen: 45 Min.
Abkühlen: 1 Std.

1 Den Backofen auf 180° vorheizen und die Backform mit Back-papier auslegen. Die Butter grob würfeln. Die Schokolade hacken und mit der Butter in einer Schüssel über einem Topf mit hei-ßem (nicht kochendem!) Wasser schmelzen. Inzwischen die Nüsse grob hacken und in einer Schüssel mit Mehl und Kakao-pulver mischen. Die Schokoladenmasse abkühlen lassen. 4 EL davon abnehmen und zur Seite stellen.

2 Zucker und Eier mit den Quirlen des Handrührers sehr cre-mig rühren. Die abgekühlte Schokoladenmasse unter Rühren zugeben. Die Mehlmischung mit einem Teigspatel kurz unter-rühren. Den Teig in die Backform füllen und glatt streichen. Die Brownies auf der 2. Schiene von unten ca. 45 Min. backen.

3 Die Form aus dem Backofen nehmen. Die beiseitegestellte Schokoladenmasse im ausgeschalteten Backofen erwärmen, bis sie streichfähig ist, dann mit Puderzucker und Milch glatt rüh-ren. Den Brownie mit dem Guss bepinseln und in der Form auf einem Kuchengitter auskühlen lassen.

4 Zum Servieren den Kuchen waagerecht halbieren. Das Eis in 3 cm dicke Scheiben schneiden, auf das Brownie-Unterteil legen und mit Karamellsauce beträufeln. Das Oberteil daraufsetzen, den Brownie in vier Quadrate schneiden und sofort servieren.

Süße Vanille-Nudelsuppe

ES LAG AN DER SUPPE! EHRLICH: HÄTTE MAN DEM SUPPENKASPER DIESE CREMIG-SÜSSE NUDELEI VORGESETZT, DANN HÄTTE DIE GESCHICHTE NIEMALS EIN SO TRAGISCHES ENDE GENOMMEN.

3 EL Mandelstifte
1 EL Puderzucker
100 g Nudeln (Tortiglioni, Fusilli oder Muschelnudeln)
Salz
125 g Himbeeren
1 Ei (Größe M)
500 ml Vollmilch
1½ EL Bourbonvanille-Puddingpulver
2 EL Zucker
1 Päckchen Bourbon-vanillezucker

AUSSERDEM
Backpapier

FÜR 2 PERSONEN
Zubereiten: 15 Min.

1 Die Mandelstifte in einer Pfanne ohne Fett goldbraun rösten. Den Puderzucker darüberstäuben und kurz karamellisieren lassen. Die Karamellmandeln auf einem Stück Backpapier ausbreiten und abkühlen lassen.

2 Währenddessen die Nudeln in reichlich kochendem Salzwasser nach Packungsangabe bissfest garen.

3 Inzwischen die Himbeeren falls nötig waschen und trocken tupfen. Das Ei trennen. Das Eigelb mit 4 EL Milch und Puddingpulver verrühren. Das Eiweiß steif schlagen und kalt stellen.

4 Die restliche Milch mit Zucker, Vanillezucker und 1 Prise Salz zum Kochen bringen. 3 EL heiße Milch in die Eigelbmischung einrühren, dann diese in die kochende Milch geben und unter ständigem Rühren aufkochen lassen.

5 Den Eischnee und die Hälfte der Himbeeren unterrühren. Die Mischung nochmals aufkochen und den Topf vom Herd ziehen.

6 Die Nudeln in ein Sieb abgießen, gut abtropfen lassen und in die Milch rühren. Die Nudelsuppe in tiefe Teller füllen und mit restlichen Himbeeren und den Karamellmandeln garnieren.

Death by Chocolate Danish

ZWEI HAUPTZUTATEN REICHEN FÜR DIESES DEKADENT SCHOKOLADIGE PLUNDERWUNDER. EIN LIFE HACK DER BESTEN SORTE!

1 Packung Croissant- bzw. Plunderteig (340–400 g, Kühlregal)
1 große Tafel Vollmilchschokolade mit ganzen Nüssen (300 g)
1 Eigelb (Größe M)
1 EL Vollmilch

AUSSERDEM
Backpapier für das Blech

**FÜR 1 ZOPF,
CA. 8 STÜCKE**
Zubereiten: 10 Min.
Backen: 20 Min.

1 Den Backofen auf 200° vorheizen. Den Teig entrollen, vom Papier lösen und auf einen Bogen Backpapier legen. Die Schokoladentafel senkrecht auf den Teig legen und den Teig grob abmessen. Der Länge nach ausrollen, sodass der Teig auf beiden kürzeren Seiten der Schokolade 3 cm übersteht. Die Enden über die Schokolade klappen.

2 Die seitlichen Teigteile alle 4 cm diagonal einschneiden, sodass mehrere Teigstreifen entstehen. Diese von oben beginnend über die Schokolade klappen (siehe kleines Bild) und gut andrücken. Die Schokolade sollte komplett bedeckt sein. Den Zopf mitsamt Backpapier auf ein Backblech heben. Eigelb und Milch verrühren und den Zopf damit bestreichen.

3 Den Plunderzopf auf der 2. Schiene von unten in 15–20 Min. goldbraun backen, herausnehmen und etwas abkühlen lassen. Warm oder ausgekühlt servieren.

RATLOS VORM KÜHLREGAL?

Nicht alle Supermärkte verkaufen Plunderteig, also die geniale Kreuzung aus Hefe- und Blätterteig. Alternativ funktioniert das Rezept auch mit Blätter- oder süßem Hefeteig aus dem Kühlregal. Oder du fragst deinen Lieblingsbäcker nach frischem Plunderteig.

Karamell-Bananen-Toast mit Eiscreme

BEI WIE VIELEN WAR WOHL TOAST MIT BANANENSCHEIBEN DAS ERSTE SELBST »GEKOCHTE« GERICHT? PSSST: DAS GIBT'S AUCH IN ERWACHSEN. FÜR DEN KLEINEN HUNGER NACH MITTERNACHT.

4 EL Sahne
40 g Zucker
2 EL Kakaopulver
2 dicke Scheiben Toast (oder Weißbrot, siehe S. 14)
4 EL Butter
1 ½ Bananen
70 g Rohrohrzucker
3 EL Zitronensaft
2 EL Rum (ersatzweise Orangensaft)
2 Kugeln Walnusseiscreme (ersatzweise Vanilleeiscreme oder nach Belieben eine andere Sorte)

FÜR 2 PERSONEN
Zubereiten: 25 Min.

1 Für die Schokoladensauce die Sahne mit dem Zucker und dem Kakaopulver einmal aufkochen, bei kleiner Hitze 1 Min. köcheln und anschließend im Topf abkühlen lassen.

2 Eine große Pfanne oder Grillpfanne erhitzen. Die Brotscheiben mit 1 EL Butter jeweils von beiden Seiten dünn bestreichen und in der heißen (Grill-)Pfanne beidseitig goldbraun rösten. Die beiden Scheiben auf zwei Teller geben.

3 Die Bananen schälen und die halbe Banane in Scheiben schneiden. Die ganze Banane quer halbieren und die Hälften nochmals längs halbieren. Den Zucker in einer großen Pfanne ohne umzurühren schmelzen lassen. Die restlichen 3 EL Butter, Zitronensaft und Rum unterrühren und die Mischung bei mittlerer Hitze köcheln lassen, bis sich der Karamell komplett aufgelöst hat. Die Bananen zugeben und in der Sauce 2 Min. garen.

4 Die Bananen mit Karamellsauce und Eis auf den Toasts anrichten, mit der Schokosauce beträufeln und sofort servieren.

MEINS! MEINS! ALLES MEINS! ICH HAB'S NÄMLICH VERDIENT.
WARUM? NA, WEIL ICH SO BIN, WIE ICH BIN.

Käsefondue aus der Holzschachtel

WER SAGT, DASS MAN FÜR KÄSEFONDUE DAS GROSSE SET BRAUCHT, DAS NUR EINMAL JÄHRLICH ZU SILVESTER ABGESTAUBT WIRD?

1 reifer Vacherin Mont d'or
in einer Holzschachtel
(ca. 400 g)
2 Knoblauchzehen
5 EL Weißwein
½ Baguette
1 Zweig Rosmarin
3 EL Butter
Salz

FÜR 2 PERSONEN
Zubereiten: 35 Min.

1 Den Backofen auf 200° vorheizen. Den Käse, falls er in Folie gepackt ist, auswickeln und direkt in die Holzschachtel legen. Die Schachtel von unten in Alufolie wickeln. Den Knoblauch schälen und in dünne Stifte schneiden. Den Käse mehrmals mit einem Messer einritzen und den Knoblauch in die Einschnitte stecken. Den Wein über den Käse träufeln und den Käse in der Schachtel im heißen Backofen (Mitte) 20–25 Min. erhitzen, bis er so richtig schön cremig ist.

2 Inzwischen das Baguette längs vierteln (dicke Stangen sechsteln). Den Rosmarin abbrausen und trocken schütteln, die Nadeln abstreifen und fein hacken. Die Butter in einer Pfanne bei mittlerer Hitze zerlassen und den Rosmarin darüberstreuen. Die Baguettestücke in der Rosmarinbutter rundherum goldbraun braten, auf Küchenpapier abtropfen lassen und leicht salzen.

3 Den Käse aus dem Ofen nehmen und mit dem Brot servieren. Dazu passen saure Gurken und Kirschwasser – ganz klassisch.

MUSS ES DENN VACHERIN SEIN? KÄSE!

Wer keinen Vacherin bekommt, nimmt zwei Schachteln Camembert aus der Normandie. Verteile einfach Knoblauch und Wein gleichmäßig auf die Schachteln und nimm den Käse schon nach höchstens 20 Min. aus dem Ofen. Er ist dann innen schön cremig.

Reuben-Croissants

DER VORTEIL, WENN MAN SICH DAS NEW YORKER KULT-SANDWICH ZU HAUSE MACHT? MAN KOMMT DRUM HERUM, ES BEI DER BESTELLUNG AUSZUSPRECHEN. (KLEINER TIPP: »RUUBEN«, NICHT »ROIBEN«.)

3 Stängel Dill
3 EL mittelscharfer Senf
2 TL grober Senf
1 ½ EL flüssiger Honig
2 EL Crème fraîche
Salz
2 portugiesische Croissants
(ersatzweise 4 dicke Scheiben Briochebrot)
3 EL weiche Butter
100 g frisches Sauerkraut
(Kühlregal im Supermarkt, Reformhaus oder Bioladen)
100 g Corned Beef (Glas oder Dose)
4 Scheiben Emmentaler

FÜR 2 PERSONEN
Zubereiten: 30 Min.

1 Den Dill abbrausen und trocken tupfen. 2 Stängel fein hacken und mit 2 EL mittelscharfem Senf, dem groben Senf, Honig und Crème fraîche glatt rühren. Den Dip mit Salz würzen.

2 Die Croissants waagerecht aufschneiden. Die Schnittflächen dünn mit dem restlichen EL Senf bestreichen, die Außenseiten mit der Butter. Das Sauerkraut zwischen den Händen gut ausdrücken und wieder auflockern. Das Corned Beef in Scheiben schneiden oder grob zerzupfen. Die Unterseiten der Croissants nacheinander mit Corned Beef, Sauerkraut und Käse belegen. Die Deckel daraufsetzen und andrücken.

3 Eine Grillpfanne erhitzen. Die Croissants darin von jeder Seite 2–3 Min. grillen, dabei mit einem Topf beschweren und leicht flach drücken. Die Toasts halbieren und mit dem Dip servieren. Den restlichen Dill grob zupfen und darüberstreuen.

ENDLICH: EINSATZ FÜR DEN SANDWICH-MAKER

Bei dir steht sowieso ein Sandwich-Maker herum? Höchste Zeit, ihn wieder mal anzuschmeißen und diese Croissants darin zu grillen!

REGISTER

BILDNACHWEIS
**Coverfoto und alle anderen
Peoplefotos:** Wilfried Wulff
Rezept- und Foodfotos:
Thorsten Suedfels

DIE AUTORIN

Pia Westermann lebt und arbeitet als Foodstylistin und Rezeptautorin in Hamburg. Sie ist gelernte Köchin und verwendet am liebsten regionale Zutaten beim Kochen – auch und gerade wenn Voll-Fett-Food auf dem Plan steht. In ihrer Freizeit werkelt sie darum besonders gern auf einem kleinen Acker in den Vierlanden und erntet dort ihr eigenes Gemüse: Das macht alles mit Speck, Eiern und Käse noch leckerer!

DER FOTOGRAF

Thorsten Suedfels lebt und arbeitet in Hamburg und fotografiert vor allem Food und Stills für Magazine, Verlage und Agenturen. Als Familienvater, der sehr gerne am Herd steht, probierte er viele der voll fetten Rezepte mit großer Begeisterung selbst aus. Derzeit joggt er deswegen öfter mal an der Elbe entlang. Bedanken möchte er sich bei **Pia Westermann** für das appetitliche Foodstyling.

Syndication:
www.seasons.agency
Bildnachweis:
s. Seite 159

Ein Unternehmen der
GANSKE VERLAGSGRUPPE

Konzept und Projektleitung:
Alessandra Redies
Lektorat: Sabine Schlimm
Korrektorat: Ulrike Wagner
Innenlayout, Typografie und Umschlaggestaltung: kral & kral design, München
Herstellung: Renate Hutt
Satz: Christopher Hammond
Reproduktion: Longo AG, Bozen
Druck und Bindung:
Firmengruppe APPL, aprinta druck, Wemding
Printed in Germany

Umwelthinweis: Dieses Buch ist auf PEFC-zertifiziertem Papier aus nachhaltiger Waldwirtschaft gedruckt.

1. Auflage 2016

978-3-8338-5563-4

www.facebook.com/gu.verlag

QUALITÄTS
G|U
GARANTIE

Liebe Leserin, lieber Leser,
haben wir Ihre Erwartungen erfüllt? Sind Sie mit diesem Buch zufrieden? Haben Sie weitere Fragen zu diesem Thema? Wir freuen uns auf Ihre Rückmeldung, auf Lob, Kritik und Anregungen, damit wir für Sie immer besser werden können.

GRÄFE UND UNZER Verlag
Leserservice
Postfach 86 03 13
81630 München
E-Mail:
leserservice@graefe-und-unzer.de

Telefon: 00800 / 72 37 33 33*
Telefax: 00800 / 50 12 05 44*
Mo–Do: 9.00 – 17.00 Uhr
Fr: 9.00 – 16.00 Uhr
(gebührenfrei in D, A, CH)*

Ihr GRÄFE UND UNZER Verlag
Der erste Ratgeberverlag – seit 1722.

Backofenhinweis: Die Backzeiten können je nach Herd variieren. Die Temperaturangaben in unseren Rezepten beziehen sich auf das Backen im Elektroherd mit Ober- und Unterhitze und können bei Gasherden oder Backen mit Umluft abweichen. Details entnehmen Sie bitte Ihrer Gebrauchsanweisung.